아이가 주인공인 책

아이는 스스로 생각하고 성장합니다.
아이를 존중하고 가능성을 믿을 때
새로운 문제들을 스스로 해결해 나갈 수 있습니다.

길벗스쿨의 학습서는 아이가 주인공인 책입니다.
탄탄한 실력을 만드는 체계적인 학습법으로
아이의 공부 자신감을 높여줍니다.

가능성과 꿈을 응원해 주세요.
아이가 주인공인 분위기를 만들어 주고,
작은 노력과 땀방울에 큰 박수를 보내 주세요.
길벗스쿨이 자녀 교육에 힘이 되겠습니다.

기적의 영어일기

한줄쓰기

저자 여장은 (carolyneun.yeo@gmail.com)

고려대학교에서 영어교육학 석사 학위를 받았다. 서울 소재 사립초등학교에서 영어교과 전담교사로 10년간 영어를 가르쳤다. 어린이 영어의 자연스러운 시작과 흥미를 끌어내는 교수법 연구를 위해 숙명여자대학교 TESOL 과정을 수료했다. 어린 시절을 미국에서 보내며 다양한 활동을 통해 자연스럽게 영어를 습득한 경험을 바탕으로, 실생활 속에서 유창하고 자신감 있게 의사를 표현하는 영어 교수 방법을 연구하고 있다. 중학 영어 교과서 및 자습서(NE능률출판사)를 공동 집필했다.

기적의 영어일기 : 한 줄 쓰기

Miracle Series – English Diary & Writing (Sentence Writing Practice for Beginners)

초판 발행 2019년 11월 15일
개정판 2쇄 발행 2024년 8월 21일

지은이 여장은
발행인 이종원
발행처 길벗스쿨
출판사 등록일 2006년 7월 1일 | **주소** 서울시 마포구 월드컵로 10길 56(서교동)
대표 전화 02)332-0931 | **팩스** 02)323-0586
홈페이지 www.gilbutschool.co.kr | **이메일** gilbut @ gilbut.co.kr

기획 및 책임 편집 김남희(sophia @ gilbut.co.kr) | **제작** 손일순, 이진혁
영업마케팅 문세연, 박선경, 박다슬 | **웹마케팅** 박달님, 이재윤, 이지수, 나혜연 | **영업관리** 정경화 | **독자지원** 윤정아

편집 진행 박미나 | **표지디자인** 윤미주 | **본문디자인** 신세진 | **전산편집** 연디자인 | **삽화** 류은형 | **영문감수** Ryan. P. Lagace
인쇄 상지사 | **제본** 상지사 | **녹음** YR미디어

정가 14,000원

독자의 1초를 아껴주는 정성 길벗출판사

길벗 | IT실용서, IT/일반 수험서, IT전문서, 경제실용서, 취미실용서, 건강실용서, 자녀교육서
더퀘스트 | 인문교양서, 비즈니스서
길벗이지톡 | 어학단행본, 어학수험서
길벗스쿨 | 국어학습서, 수학학습서, 유아학습서, 어학학습서, 어린이교양서, 교과서, 학습단행본

길벗스쿨 공식 카페 〈기적의 공부방〉 cafe.naver.com/gilbutschool
인스타그램/카카오플러스친구 @gilbutschool

제 품 명 : 기적의 영어일기 : 한 줄 쓰기
제조사명 : 길벗스쿨
제조국명 : 대한민국
전화번호 : 02-332-0931
주　　소 : 서울시 마포구 월드컵로
　　　　　 10길 56 (서교동)
제조년월 : 판권에 별도 표기
사용연령 : 8세 ~ 13세
KC마크는 이 제품이 공통안전기준에
적합하였음을 의미합니다.

내일을 바꾸는 오늘의 좋은 습관!
하루 한 줄 일기 쓰기로 영작의 자신감을 키워요.

우리는 누구나 나만의 이야기를 가지고 있습니다. 자신만의 기분, 생각을 영어로 자유롭게 표현할 수 있다면 얼마나 좋을까요? 영어일기는 쓰기 능력, 표현력, 사고력을 종합적으로 훈련할 수 있는 좋은 도구입니다. 어떤 주제로 글쓰기를 시작해야 할지 막막하다면, 쉬운 질문을 통해 묻고 답하는 것으로 시작해 봅시다. 질문에 답하고 그 답변들을 응용해서 더 긴 글을 쓰다 보면, 영어일기가 어렵지만은 않을 거예요.

이 책에서는 초등학생들의 일상 소재와 학교생활을 중심으로, 흥미를 이끌어 내는 질문 50개를 제시하였습니다. 그리하여 학생들의 관심사를 영어로 생각해 보고, 그것을 영어로 발전시킬 기회를 갖도록 하였습니다. 하루 한 줄 영어일기 쓰기는 자신의 일상을 기록할 수 있을 뿐만 아니라, 기억을 정리하고 감정의 변화를 기록하여 자신만의 창조적인 한 편의 글을 쓸 수 있는 자양분이 될 것입니다.

하루 한 개씩 재미난 질문에 대한 모범 답변을 따라 쓰고, 그 문장의 구조 안에서 표현을 바꿔 끼우면서 새로운 문장을 만들 수 있는 방법을 알려줍니다. 하나의 문장 패턴 안에서도 여러 가지 응용을 통하여 다른 문장을 만들다 보면 나만의 답변을 쓸 수도 있을 거예요. 또한 그렇게 만든 문장들을 여러 개 이어 붙이면 더욱 긴 일기글을 쓸 수 있다는 것을 모범일기를 읽으면서 확인할 수 있습니다.

영어 공부의 핵심은 '매일' 그리고 '꾸준히'에 있습니다. 이 책으로 하루 한 문장씩 꾸준히 질문에 답하다 보면 50일 후에는 나만의 영어일기를 완성할 수 있는 자신감이 생길 것입니다. 영어일기 쓰기를 통해 영작 실력뿐만 아니라 자신에 대한 자신감과 성취감을 갖는 계기가 되기를 바랍니다.

저자 여장은

이 책의 구성과 특징

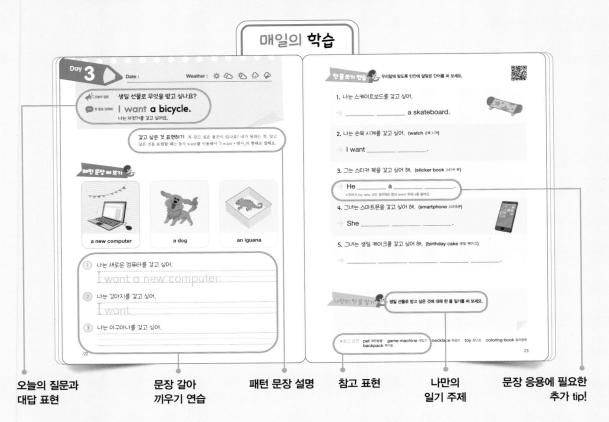

오늘의 질문과   문장 갈아   패턴 문장 설명   참고 표현   나만의   문장 응용에 필요한
대답 표현   끼우기 연습   일기 주제   추가 tip!

1단계   Q&A를 읽고 패턴 파악

먼저 우리말로 된 오늘의 질문과 예시 답변을 읽어보세요. 예시 답변에서 강조 표시 된 문장 패턴을 눈으로 확인해 봅니다. 어떻게 쓰면 되는지 설명을 읽으면서 문장의 형태를 이해하고 의미를 파악해 보세요.

2단계   패턴 문장 써 보기 연습

상단의 대표 문장 패턴에 주어진 이미지와 교체 표현을 활용하여 문장을 완성해 보세요. 예시 답변에서 보았던 패턴 문장에 새로운 표현 세 가지를 갈아 끼우면서 패턴의 쓰임을 익히고 활용에 대한 감각을 키웁니다.

3단계   한 줄 쓰기 연습

앞에서는 주어진 표현을 그대로 써서 문장을 완성했다면, 여기서는 우리말 뜻에 맞게 주어와 표현들을 활용, 변형하여 문장을 쓰는 연습을 합니다. 괄호 안에 있는 힌트 단어를 적절히 활용하여 패턴 문장의 쓰임을 정확하게 인지하고 응용력을 키웁니다. 문장을 완성한 후 QR코드를 찍어서 제대로 영작을 하였는지 원어민의 음성으로 확인해 봅니다.

4단계   나만의 한 줄 일기 써 보기

앞에서 학습한 오늘의 문장 패턴을 이용하여 나만의 한 줄 일기를 완성해 봅니다. 쳐다보면서 외우는 것보다 한 번 직접 써보는 것이 훨씬 도움이 된답니다. 참고 표현을 활용하여 나만의 멋진 답변을 써 보세요.

열흘에 한 번 다시 보기 학습

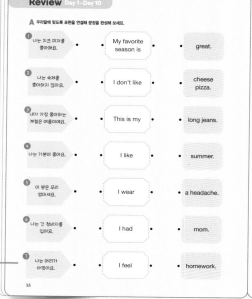

A 우리말에 맞도록 표현을 연결해 문장을 완성해 보세요.

1. 나는 치즈 피자를 좋아해요. • • My favorite season is • • great.
2. 나는 숙제를 좋아하지 않아요. • • I don't like • • cheese pizza.
3. 내가 가장 좋아하는 계절은 여름이에요. • • This is my • • long jeans.
4. 나는 기분이 좋아요. • • I like • • summer.
5. 이 분은 우리 엄마예요. • • I wear • • a headache.
6. 나는 긴 청바지를 입어요. • • I had • • mom.
7. 나는 머리가 아팠어요. • • I feel • • homework.

38

B 우리말을 읽고 알맞은 답을 써 보세요. 잘 기억나지 않으면 해당 쪽수로 돌아가 복습하세요.

1. 질문 좋아하는 음식은 무엇인가요?
   답변 나는 햄버거를 좋아해요. 19쪽
   I like hamburgers.
   hamburger

2. 질문 생일 선물로 무엇을 받고 싶나요?
   답변 나는 스케이트보드를 갖고 싶어요. 23쪽
   skateboard

3. 질문 엄마는 지금 무엇을 하고 계신가요?
   답변 우리 엄마는 통화하고 계세요. 27쪽
   talk on the phone

모범일기

그동안 배운 표현으로 멋진 일기를 완성할 수 있어요. 잘 읽고 다시 한번 익혀보세요.

Summer and Winter
My favorite season is summer.
I can swim in the swimming pool.
I like ice cream. Ice cream makes me happy. I don't like winter.
Winter is too cold.

해석 여름과 겨울
내가 가장 좋아하는 계절은 여름이에요. 수영장에서 수영할 수 있으니까, 나는 아이스크림을 좋아해요. 아이스크림은 나를 행복하게 해 줘요. 나는 겨울은 안 좋아해요. 겨울은 너무 추우니까.

My Sister and I
Look at this selfie. This is me.
I have short hair. My hair is brown.
This is my sister. She has long hair.
We both have curly hair. She wears a necklace. Who is prettier?

해석 내 여동생과 나
이 셀카 사진을 보세요. 이건 저예요. 저는 짧은 머리를 하고 있어요. 머리 색은 갈색이지요. 이건 제 여동생이에요. 동생은 긴 머리를 하고 있어요. 우리 둘 다 곱슬머리지요. 동생은 목걸이를 해요. 누가 더 예쁜가요?

40

• 문제로 확인하기

A 우리말에 맞도록 패턴과 표현을 찾아 연결하면서 대표 예시 답변으로 만났던 문장들을 점검합니다.

B 우리말 Q&A를 읽고 답변을 영작해 보세요. 삽화를 활용하여 패턴이 쓰이는 상황을 보다 정확하게 인지할 수 있습니다. 잘 기억이 나지 않으면 해당 쪽수로 돌아가 다시 한 번 확인해 보세요.

• 모범일기 읽기

앞에서 배운 패턴 문장을 활용하여 구성한 영어일기를 읽어보세요. 두세 개의 패턴 문장만 정확하게 쓸 수 있어도 그럴듯한 한 편의 글을 완성할 수 있습니다. 원어민의 음성을 들으며 눈으로 지문을 따라 읽고, 우리말 해석을 통해서 읽은 내용을 확인해 보세요.

QR코드로 듣기
QR코드를 찍으면 원어민 음성으로 문장을 들을 수 있는 페이지로 이동합니다.
정답 작성 후 확인용으로 활용하세요.

길벗스쿨 e클래스
(eclass.gilbut.co.kr)
• MP3 파일 다운로드
• 단어 워크시트 다운로드

CONTENTS

PART 1. My Family and I 우리 가족과 나

PART 2. Daily Life 일상생활

PART 3. School Days 학교생활

PART 4. Fun Activities 재미있는 활동

PART 5. Interests & Special Days
관심사와 특별한 날들

영어일기를 쓰기 전에, 알아두세요!

일기글은 날짜, 날씨, 제목, 본문 내용으로 나뉩니다. 아래의 모범일기를 이용해서 영어일기가 어떻게 구성되어 있는지 알아봅시다.

(날짜) **Date** : Sunday, February 9, 2024   (날씨) **Weather** : ☼ Sunny

(제목) My Favorite Sport

(본문) My favorite sport is soccer. I like to play soccer with my friends. We practice soccer after school. I want to be a soccer player. Let's have fun!

---

① 날짜는 어떻게 쓸까요?

영어로 날짜를 쓸 때는 요일 → 월일 → 연도 이런 순서로 써요 우리말과 다르게 개념이 작은 것부터 쓰기 때문에 순서에 주의해요. 월과 요일은 항상 대문자로 시작하고 Jan., Feb., Mon., Fri.와 같이 약자를 사용하기도 합니다.

Sunday, February 9, 2024 (2024년 2월 9일 일요일)

요일 DAY			
월요일 **Monday** (Mon.)		금요일 **Friday** (Fri.)
화요일 **Tuesday** (Tue.)		토요일 **Saturday** (Sat.)
수요일 **Wednesday** (Wed.)		일요일 **Sunday** (Sun.)
목요일 **Thursday** (Thurs.)			

달 MONTH					
1월	January (Jan.)	5월	May	9월	September(Sept.)
2월	February (Feb.)	6월	June	10월	October(Oct.)
3월	March (Mar.)	7월	July	11월	November (Nov.)
4월	April (Apr.)	8월	August (Aug.)	12월	December (Dec.)

② 날씨는 어떻게 쓸까요?

날씨는 흔히 가장 뒤에 들어가고, 한 단어로 나타낼 수 있습니다.

날씨 WEATHER					
맑은	clear / fine / sunny	천둥	thunder	추운	cold
시원한	cool	더운	hot	습한	humid
소나기	shower	쌀쌀한	chilly	비 오는	rainy
따뜻한	warm	번개	lightning	눈 오는	snowy
바람 부는	windy	흐린	cloudy	안개 낀	foggy

③ 무엇을 쓸까요?

오늘 일기에서 무엇에 대해 쓸 것인지 생각해 보세요. 재미있거나 특별한 일이 있었다면 당연히 그것에 대해 써야겠지요. 하지만 사소해도 기억에 남는 일이 있다면 그것에 대해 조금 더 곰곰히 생각을 해보세요. 특별한 내용이 떠오르지 않아도, 같아 보이지만 조금씩 다른 일상에 대한 느낌을 적다 보면 나만의 특별한 영어일기가 될 수 있어요.

④ 제목은 어떻게 쓸까요?

제목으로 그날 일기의 주제와 내용을 한눈에 알 수 있습니다. 앞으로 쓸 내용을 처음 소개하는 문장이기 때문에 글의 전체 내용을 대표하는 적절한 제목을 쓰는 것이 중요하답니다. 완전한 문장이 아니더라도 두세 개의 주요 단어를 연결한 의미구를 만들거나 누군가에게 말하거나 묻는 문장 형태도 좋습니다. 잘 떠오르지 않으면 일기를 다 쓴 후에 달아도 괜찮습니다. 제목의 첫 글자는 대문자로 쓰고, 제목 뒤에는 마침표를 찍지 않습니다.

영작을 할 때 주의할 점들

영어일기를 쓸 때 문장 체계에 대한 몇 가지 중요한 규칙을 기억한다면 더욱 정돈된 글을 쓸 수 있습니다. 아래의 체크리스트를 기억하고 일기 쓰기를 끝낼 때 다시 한 번 확인하세요.

Writing Checklist

① **바른 글씨체로 써요.** (Use your best handwriting.)

가장 중요한 것은 바른 글씨체로 쓰는 것입니다. 바른 자세와 연필 잡기로 또박또박 반듯한 글씨를 써봅시다.

② **첫 문장은 항상 대문자로 씁니다.**

(Use a capital letter at the beginning of your sentence.)

모든 문장의 시작 첫 글자는 항상 대문자로 시작합니다. 대문자의 사용은 맞춤법만큼 꼼꼼히 살펴 보아야 합니다.

예) The dog is big.

③ **반드시 대문자로 시작하는 단어들을 기억하세요.**

(Capitalization names, places, months and days.)

문장 내에서 고유명사, 이름, 장소, 달, 요일은 항상 대문자로 시작합니다. 아무리 잘 쓴 문장이어도 대문자가 쓰여야 할 곳에 소문자가 있다면 맞춤법이 틀린 것으로 봅니다.

예) Jeju Island, Tyler, Korea, March, Monday ...

4 **단어 사이 띄어쓰기에 유의하세요.**

(Leave spaces between words.)

단어와 단어 사이에는 띄어쓰기를 해야 합니다. 연필로 글쓰기를
할 때 손가락 한 마디를 이용하여 단어 사이를 띄어 봅시다.

예) I like cheese pizza.

5 **문장 끝에는 꼭 마치는 표시를 써 주세요.**

(Use ending punctuation.)

문장 끝에 적절한 구두점(., !, ?)을 찍어줍시다.
평서문, 명령문, 의문문, 감탄문에 맞는 마침표를 사용하세요.

예) I feel great. / Would you like some bread? / Let's go outside!

6 **동사의 시제와 단수, 복수 일치를 확인하세요.**

(Match nouns and verbs correctly so they make sense.)

주어의 인칭, 명사의 수나 현재나 과거의 시점에 따라서 명사, 동사의
형태를 알맞게 맞추어 쓰는 것이 중요합니다. 특히 3인칭 단수 주어(he,
she, it)일 경우 뒤에 오는 일반동사의 형태 변화에 유의해서 문장을
쓰도록 합니다.

7 **철자에 유의하세요.** (Check your spelling.)

단어의 철자를 틀리지는 않았는지 마지막으로 꼭 확인해 보세요.

예) bicicle (×) bicycle (○), fliend (×), friend (○)

8 **언제나 최선을 다하세요.** (Always try your best.)

그 무엇보다도 내가 최선을 다했는지가 가장 중요하겠지요?
즐거운 마음으로 내 생각을 영어로 옮기는 연습을 해봅시다.

영어 일기 학습 계획표

공부한 날의 날짜와 날씨를 영어로 기록해보세요.

Unit	Date	Weather	Unit	Date	Weather
Unit 01			Unit 26		
Unit 02			Unit 27		
Unit 03			Unit 28		
Unit 04			Unit 29		
Unit 05			Unit 30		
Unit 06			Unit 31		
Unit 07			Unit 32		
Unit 08			Unit 33		
Unit 09			Unit 34		
Unit 10			Unit 35		
Unit 11			Unit 36		
Unit 12			Unit 37		
Unit 13			Unit 38		
Unit 14			Unit 39		
Unit 15			Unit 40		
Unit 16			Unit 41		
Unit 17			Unit 42		
Unit 18			Unit 43		
Unit 19			Unit 44		
Unit 20			Unit 45		
Unit 21			Unit 46		
Unit 22			Unit 47		
Unit 23			Unit 48		
Unit 24			Unit 49		
Unit 25			Unit 50		

PART 1

My Family and I
우리 가족과 나

오늘의 질문   좋아하는 음식은 무엇인가요?

한 줄로 답해봐!   **I like cheese pizza.**

나는 치즈 피자를 좋아해요.

좋아하는 것 표현하기 like는 '좋아하다' 라는 뜻의 동사입니다. '나는 …을 좋아해.' 라고 말하고 싶을 때는 「I like + 명사」로 표현해요. 단수명사 앞에는 a(n)을 붙이고, 복수명사 뒤에는 -(e)s를 붙여요.

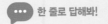 패턴 문장 써 보기

fried chicken

ice cream

orange juice

① 나는 프라이드 치킨을 좋아해.

I like fried chicken.

② 나는 아이스크림을 좋아해.

I like

③ 나는 오렌지 주스를 좋아해.

한 줄 쓰기 연습 우리말에 맞도록 빈칸에 알맞은 단어를 써 보세요.

1. 나는 불고기를 좋아해.

→ _____ _____ *bulgogi.*

2. 나는 햄버거를 좋아해. (hamburger 햄버거)

→ I like _____s.

3. 그녀는 감자 피자를 좋아해. (potato 감자)

→ She _____ _____ pizza.

*주어가 she, he, it인 경우, like는 likes로 바꿔야 해요.

4. 그는 스테이크를 좋아해. (steak 스테이크)

→ He _____ _____.

5. 그는 카레를 좋아해. (curry 카레)

→ _____ _____ _____.

나만의 한 줄 일기 내가 좋아하는 음식에 대해 한 줄 일기를 써 보세요.

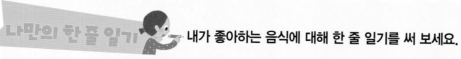

★참고 표현 **chocolate** 초콜릿   **French fries** 감자튀김   **hot dog** 핫도그   **sandwich** 샌드위치

오늘의 질문 **싫어하는 것은 무엇인가요?**

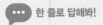 한 줄로 답해봐! **I don't like homework.**

나는 숙제를 좋아하지 않아요.

싫어하는 것 표현하기 무엇을 싫어하는지 말하고 싶을 때도 있죠? '나는 …
을 안 좋아해.' 라고 말하고 싶을 때에는 「I don't like + 명사」로 표현해요.

패턴 문장 써 보기

vegetables

math

insects

① 나는 야채를 좋아하지 않아.

I don't like vegetables.

② 나는 수학을 좋아하지 않아.

I don't like

③ 나는 곤충을 좋아하지 않아.

1. 나는 김치를 좋아하지 않아.

➡ _____ _____ _____ gimchi.

2. 나는 매운 음식을 좋아하지 않아. (spicy 매운)

➡ I don't like _____ _____.

3. 나는 야구를 좋아하지 않아. (baseball 야구)

➡ I _____ _____ _____.

4. 그녀는 공포 영화를 좋아하지 않아. (horror movie 공포 영화)

➡ She _____ _____ _____ _____ _____ s.

*주어가 he, she, it일 때는 don't 대신에 doesn't를 써요.

5. 그는 시험을 좋아하지 않아. (test 시험)

➡ He _____ _____ _____ s.

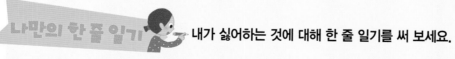

나만의 한 줄 일기   내가 싫어하는 것에 대해 한 줄 일기를 써 보세요.

★참고 표현   **carrot** 당근   **messy** 지저분한   **noisy** 시끄러운   **difficult** 어려운   **problem** 문제

오늘의 질문 **생일 선물로 무엇을 받고 싶나요?**

💬 한 줄로 답해봐! **I want a bicycle.**

나는 자전거를 갖고 싶어요.

갖고 싶은 것 표현하기 꼭 갖고 싶은 물건이 있나요? 내가 원하는 것, 갖고 싶은 것을 표현할 때는 동사 want를 이용해서 「I want + 명사」의 형태로 말해요.

패턴 문장 써 보기

a new computer

a dog

an iguana

① 나는 새로운 컴퓨터를 갖고 싶어.

I want a new computer.

② 나는 강아지를 갖고 싶어.

I want

③ 나는 이구아나를 갖고 싶어.

_____

우리말에 맞도록 빈칸에 알맞은 단어를 써 보세요.

1. 나는 스케이트보드를 갖고 싶어.

→ _____ _____ a skateboard.

2. 나는 손목 시계를 갖고 싶어. (watch 손목 시계)

→ I want _____ _____.

3. 그는 스티커 북을 갖고 싶어 해. (sticker book 스티커 북)

→ He _____ a _____ _____.

*주어가 he, she, it인 경우에는 동사 want 뒤에 s를 붙여요.

4. 그녀는 스마트폰을 갖고 싶어 해. (smartphone 스마트폰)

→ She _____ _____ _____.

5. 그녀는 생일 케이크를 갖고 싶어 해. (birthday cake 생일 케이크)

→ _____ _____ _____ _____ _____.

 생일 선물로 받고 싶은 것에 대해 한 줄 일기를 써 보세요.

★참고 표현 **pet** 반려동물 **game machine** 게임기 **necklace** 목걸이 **toy** 장난감 **coloring book** 컬러링북
backpack 책가방

오늘의 질문 **가장 좋아하는 계절은 무엇인가요?**

한 줄로 답해봐! # My favorite season is **summer.**

내가 가장 좋아하는 계절은 여름이에요.

가장 좋아하는 것 표현하기 '내가 가장 좋아하는 ~은 …야.'를 표현할 때는 My favorite ~ is … 라고 표현해요. 가장 좋아하는 것 하나를 언급하고 싶을 때는 동사 is를 사용하지만, 두 개 이상을 가리킬 때는 is 대신에 are를 사용합니다.

 패턴 문장 써 보기

spring

fall

winter

① 내가 가장 좋아하는 계절은 봄이야.

My favorite season is spring.

② 내가 가장 좋아하는 계절은 가을이야.

My favorite season is

③ 내가 가장 좋아하는 계절은 겨울이야.

한 줄 쓰기 연습 우리말에 맞도록 빈칸에 알맞은 단어를 써 보세요.

1. 내가 가장 좋아하는 색은 파란색이야.

➡ _____ _____ color is blue.

2. 내가 가장 좋아하는 요일은 토요일이야. **(day** 요일**)**

➡ My favorite _____ _____ Saturday.

3. 내가 가장 좋아하는 한국 가요 그룹은 BTS야. **(group** 그룹**)**

➡ _____ _____ K-pop _____ is BTS.

4. 내가 가장 좋아하는 휴일은 크리스마스야. **(holiday** 휴일**)**

➡ _____ _____ _____ _____ Christmas.

5. 내가 가장 좋아하는 동물은 사자와 기린이야. **(animal** 동물**, lion** 사자**)**

➡ _____ _____ _____ s _____ _____ s and giraffes.

*가장 좋아하는 동물 두 가지에 대해 소개하고 있으므로, 동사는 are을 사용합니다.

나만의 한 줄 일기 내가 가장 좋아하는 운동에 대해 한 줄 일기를 써 보세요.

★참고 표현 **sport** 운동 **soccer** 축구 **baseball** 야구 **tennis** 테니스 **swimming** 수영

25

 오늘의 질문 엄마는 지금 무엇을 하고 계신가요?

💬 한 줄로 답해봐! # My mom is **reading a book.**

우리 엄마는 책을 읽고 계세요.

진행 중인 일 표현하기 현재 진행 중인 동작이나 행동을 표현할 때는 「주어 +be동사+동사원형-ing~」의 형태로 나타냅니다. 우리말로는 '~가 …하고 있다.'로 해석할 수 있어요.

패턴 문장 써 보기

baking bread

cleaning the house

exercising

① 우리 엄마는 빵을 굽고 계셔.

My mom is baking bread.

② 우리 엄마는 집을 청소하고 계셔.

My mom is

③ 우리 엄마는 운동하고 계셔.

1. 우리 엄마는 웃고 계셔.

→ _____ _____ _____ laughing.

2. 우리 엄마는 통화하고 계셔. **(talk on the phone** 통화하다**)**

→ My mom is _____ on the _____.

3. 나는 자고 있어. **(sleep** 자다**)**

→ I _____ _____.

*주어가 I이므로 동사는 is가 아니라 am이 어울려요.

4. 내 친구는 책을 읽고 있어. **(read** 읽다**)**

→ My friend _____ _____ a book.

5. 내 친구는 그림을 그리고 있어. **(paint a picture** 그림을 그리다**)**

→ _____ _____ _____ a picture.

나만의 한 줄 일기 아빠가 지금 무엇을 하고 계시는지 한 줄 일기로 써 보세요.

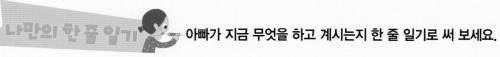

★참고 표현 **eat** 먹다 **study** 공부하다 **play** 놀다 **talk** 대화하다 **listen to music** 음악을 듣다

Date :

Weather :

 오늘의 질문 **오늘 기분은 어떤가요?**

한 줄로 답해봐! **I feel great.**

나는 기분이 좋아요.

감정 표현하기 feel은 '…하게 느끼다' 라는 뜻이에요. 내 감정과 기분에 대해 표현할 때, I feel 다음에 great(좋은), happy(행복한), sad(슬픈), angry(화난) 등의 감정을 나타내는 형용사를 붙여서 나타내요.

패턴 문장 써 보기

happy

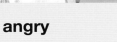

angry

sad

① 나는 행복해.

I feel happy.

② 나는 화났어.

I feel

③ 나는 슬퍼.

한 줄 쓰기 연습 우리말에 맞도록 빈칸에 알맞은 단어를 써 보세요.

1. 나는 깜짝 놀랐어.

   → _____ _____ surprised.

2. 나는 미안한 마음이 들어. (sorry 미안한)

   → I feel _____.

3. 그는 외로움을 느껴. (lonely 외로운)

   → He _____ _____.

   *주어가 he, she, it인 경우에는 동사 feel 뒤에 s를 붙여요.

4. 그녀는 피곤해. (tired 피곤한)

   → She _____ _____.

5. 그는 지루함을 느껴. (bored 지루해하는)

   → _____ _____ _____.

나만의 한 줄 일기 오늘 나의 기분을 한 줄 일기로 써 보세요.

★참고 표현 **nervous** 불안한 **excited** 흥분한 **joyful** 즐거운 **scared** 무서운 **worried** 걱정되는

오늘의 질문   **가족을 소개해 줄 수 있나요?**

💬 한 줄로 답해봐!   # This is my mom.

이 분은 우리 엄마세요.

다른 사람 소개하기 다른 사람에게 우리 가족을 소개해 줘야 할 때가 있지요. 이 때는 This is my ….로 표현합니다. my뒤에 dad, uncle처럼 나와의 관계를 넣어서 대답하면 돼요. 이 표현을 활용해 가족뿐만 아니라, 친구와 선생님 등도 소개할 수 있답니다.

패턴 문장 써 보기

dad

aunt

brother

① 이 분은 우리 아빠셔.

This is my dad.

② 이 분은 우리 이모셔.

This is my

③ 이쪽은 우리 오빠야.

30

한 줄 쓰기 연습 — 우리말에 맞도록 빈칸에 알맞은 단어를 써 보세요.

1. 이쪽은 내 여동생이야.

➔ _____ _____ _____ sister.

2. 이쪽은 내 쌍둥이 언니야. **(twin sister** 쌍둥이 언니, 여동생**)**

➔ This is my _____ _____.

3. 이 분은 우리 삼촌이셔. **(uncle** 삼촌**)**

➔ _____ _____ _____ _____.

4. 이 아이들은 내 사촌들이야. **(cousin** 사촌**)**

➔ These _____ _____ _____s.

　　*주어가 복수일 경우 This is 대신에 These are를 써요.

5. 이분들은 우리 할머니, 할아버지셔. **(grandparents** 조부모님**)**

➔ _____ _____ _____s.

　　*조부모님을 뜻하는 grandparent는 주로 복수형으로 써요.

나만의 한 줄 일기 — 가장 친한 친구를 소개하는 한 줄 일기를 써 보세요.

★참고 표현　**best friend** 단짝 친구　**close** 친한　**get along well together** 사이 좋게 지내다　**name** 이름

오늘의 질문 **외모는 어떤가요?**

💬 한 줄로 답해봐! # I have short hair.

나는 짧은 머리를 하고 있어요.

외모 묘사하기 내 외모 중 한 부분을 묘사하고 싶을 때는 I have를 활용해요. have 뒤에 nose 같은 단수 명사가 올 경우에는 「a + 형용사 + 명사」, eyes 같은 복수 명사가 올 경우에는 「형용사 + 복수 명사」의 형태로 나타냅니다.

 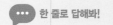

big eyes	**brown hair**	**a small nose**

① 나는 눈이 커.

I have big eyes.

② 나는 머리카락이 갈색이야.

I have

③ 나는 코가 작아.

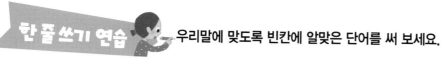

1. 나는 귀가 커.

➡ _____ _____ big ears.

2. 나는 손이 작아. (hand 손)

➡ I have _____ _____s.

3. 그 남자애는 입이 커. (mouth 입)

➡ He _____ a big _____.

*주어가 he, she, it인 경우에는 동사 have 대신에 has를 써요.

4. 그 여자애는 곱슬머리야. (curly hair 곱슬머리)

➡ She _____ _____ _____.

*머리카락 전체를 뜻할 때는 a 없이 hair라고 쓰고, 머리카락 한 올을 가리킬 때는 a hair라고 써요.

5. 그 남자애는 검은 머리야. (black 검정)

➡ _____ _____ _____.

 선생님의 외모를 묘사하는 한 줄 일기를 써 보세요.

★참고 표현 **teacher** 선생님 **long hair** 긴 머리 **wavy hair** 파마 머리 **beard** 수염 **freckle** 주근깨

Date : _____

Weather :

 오늘의 질문 **주로 어떤 옷을 입나요?**

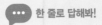 한 줄로 답해봐! **I wear long jeans.**

나는 긴 청바지를 입어요.

의상 묘사하기 wear는 '입다'라는 뜻의 동사예요. I wear 다음에 a skirt, a shirt 등의 명사를 붙이면, 내가 입는 옷에 대해 말할 수 있어요. jeans, pants, socks, shoes, glasses 등은 두 개가 한 짝을 이루므로 항상 복수로 씁니다.

패턴 문장 써 보기

shorts

a T-shirt

a cap

① 나는 반바지를 입어.

I wear shorts.

② 나는 티셔츠를 입어.

I wear

③ 나는 야구 모자를 써.

_____

34

한 줄 쓰기 연습 우리말에 맞도록 빈칸에 알맞은 단어를 써 보세요.

1. 나는 겨울에 장갑을 껴.

→ _____ _____ gloves in winter.

＊전치사 in 뒤에 때를 나타내는 명사를 붙여서 시기를 표현할 수 있어요.

2. 나는 여름에 선글라스를 써. (sunglasses 선글라스, summer 여름)

→ I wear _____ in _____ .

3. 나는 티셔츠를 입고 모자를 써. (hat 모자)

→ _____ _____ a T-shirt and _____ _____ .

4. 우리 선생님은 목걸이를 하셔. (teacher 선생님, necklace 목걸이)

→ My _____ _____ a _____ .

＊목걸이, 스카프, 목도리 등의 명사에도 동사 wear를 써요.

5. 우리 엄마는 스카프를 하셔. (scarf 스카프)

→ My _____ _____ a _____ .

나만의 한 줄 일기 내가 자주 입는 옷에 대해 한 줄 일기를 써 보세요.

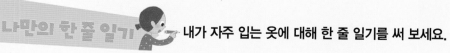

★참고 표현 **dress** 원피스, 드레스 **long pants** 긴 바지 **jacket** 자켓 **belt** 벨트 **blouse** 블라우스

Date : _____

Weather :

 오늘의 질문 최근에 어디가 아팠나요?

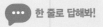 한 줄로 답해봐! # I had **a headache.**

나는 머리가 아팠어요.

아픈 증상 표현하기 어디가 아팠는지 표현할 때 I had 뒤에 명사를 붙여서 표현합니다. 이때, 명사 자리에 아픈 증상을 나타내는 a headache(두통), a cold(감기), a fever(열) 등의 단어를 넣어 표현할 수 있어요.

패턴 문장 써 보기

a stomachache

a cold

a fever

① 나는 배가 아팠어.

I had a stomachache.

② 나는 감기에 걸렸었어.

I had

③ 나는 열이 났어.

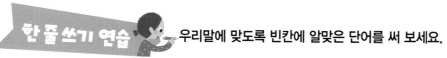

 우리말에 맞도록 빈칸에 알맞은 단어를 써 보세요.

1. 나는 치통을 앓았어.

→ _____ _____ a toothache.

*몸의 한 부위인 head(머리), tooth(치아), back(등) 뒤에 -ache를 붙이면 각각 두통, 치통, 요통을 뜻하는 단어가 됩니다.

2. 나는 등에 통증이 있었어. (backache 요통[등의 통증])

→ I had _____ _____.

3. 나는 귀에 통증이 있었어. (earache 이통[귀의 통증])

→ _____ _____ _____ _____.

*earache는 단모음 e로 시작하는 단어이므로 관사 a 대신에 an을 써요.

4. 내 남동생은 목이 아팠어. (sore throat 목의 통증)

→ My baby brother _____ _____ _____ _____.

5. 내 여동생은 콧물이 났어. (runny nose 콧물)

→ My sister _____ _____ _____ _____.

 최근에 아팠던 경험을 한 줄 일기로 써 보세요.

★참고 표현 bruise 멍   sunburn 햇볕으로 입은 화상   scratch 상처   upset stomach 급체

37

A 우리말에 맞도록 표현을 연결해 문장을 완성해 보세요.

1. 나는 치즈 피자를 좋아해요.

2. 나는 숙제를 좋아하지 않아요.

3. 내가 가장 좋아하는 계절은 여름이에요.

4. 나는 기분이 좋아요.

5. 이 분은 우리 엄마세요.

6. 나는 긴 청바지를 입어요.

7. 나는 머리가 아팠어요.

My favorite season is

I don't like

This is my

I like

I wear

I had

I feel

great.

cheese pizza.

long jeans.

summer.

a headache.

mom.

homework.

B 우리말을 읽고 답변을 영어로 써 보세요. 잘 기억나지 않으면 해당 쪽수로 돌아가 복습하세요.

1 질문 좋아하는 음식은 무엇인가요?
　　 답변 나는 햄버거를 좋아해요. 19쪽

I like hamburgers.

hamburger

2 질문 생일 선물로 무엇을 받고 싶나요?
　　 답변 나는 스케이트보드를 갖고 싶어요. 23쪽

skateboard

3 질문 엄마는 지금 무엇을 하고 계신가요?
　　 답변 우리 엄마는 전화 통화를 하고 계세요. 27쪽

talk on the phone

4 질문 나의 외모는 어떤가요?
　　 답변 나는 귀가 커요. 33쪽

big ear

5 질문 최근에 어디가 아팠나요?
　　 답변 나는 치통을 앓았어요. 37쪽

toothache

그동안 배운 표현으로 짧은 일기를 완성할 수 있어요.
잘 읽고 원어민의 음성을 들으면서 다시 한번 익혀보세요.

Summer and Winter

My favorite season is summer.

I can swim in the swimming pool.

I like ice cream. Ice cream makes

me happy. I don't like winter.

Winter is too cold.

해석 여름과 겨울

내가 가장 좋아하는 계절은 여름이야. 수영장에서 수영할 수 있으니까. 나는 아이스크림을 좋아해.
아이스크림은 나를 행복하게 해 줘. 나는 겨울은 안 좋아해. 겨울은 너무 추우니까.

My Sister and I

Look at this selfie. This is me.

I have short hair. My hair is brown.

This is my sister. She has long hair.

We both have curly hair. She wears

a necklace. Who is prettier?

해석 내 여동생과 나

이 셀카 사진을 보세요. 이건 저예요. 저는 짧은 머리를 하고 있어요. 머리 색은 갈색이지요. 이건 제 여
동생이에요. 동생은 긴 머리를 하고 있어요. 우리 둘 다 곱슬 머리지요. 동생은 목걸이를 해요. 누가 더 예
쁜가요?

PART 2
Daily Life
일상 생활

오늘의 질문 　아침에 주로 무엇을 먹나요?

한 줄로 답해봐! 　**I usually have cereal for breakfast.**

나는 아침에 주로 시리얼을 먹어요.

빈도 표현하기 　내가 주로 먹는 메뉴를 표현할 때 「I usually have + 음식」으로 나타냅니다. 여기서 usually는 '주로' 라는 뜻으로, 어떤 일을 얼마나 자주 하는지를 나타내는 빈도부사에요. 빈도부사는 일반동사의 앞, be동사의 뒤에 위치합니다.

 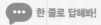

rice and soup

bread

fruit

① 나는 아침에 주로 밥과 국을 먹는다.

I usually have rice and soup for breakfast.

② 나는 아침에 주로 빵을 먹는다.

I usually have 　　　　　　　　　 for breakfast.

③ 나는 아침에 주로 과일을 먹는다.

한 줄 쓰기 연습 우리말에 맞도록 빈칸에 알맞은 단어를 써 보세요.

1. 나는 아침에 주로 계란을 먹는다.

→ _____ _____ _____ eggs for breakfast.

2. 나는 점심에 주로 국수를 먹는다. (noodle 면, lunch 점심)

→ I usually have _____ s _____ _____.

*noodle은 단수형으로 쓰이면 면 한 가닥을 뜻하고, 복수형인 noodles로 쓰이면 국수를 뜻해요.

3. 나는 점심에 항상 샐러드를 먹는다. (salad 샐러드)

→ I _____ _____ _____ for lunch.

*always: 항상

4. 우리는 저녁에 때때로 고기를 먹는다. (meat 고기)

→ We _____ _____ _____ for dinner.

*sometimes: 가끔

5. 우리는 저녁에 토스트를 전혀 먹지 않는다. (toast 토스트)

→ _____ _____ _____ _____ _____ _____ .

*never: 전혀 … 않다

나만의 한 줄 일기 자주 먹는 저녁 메뉴에 대한 한 줄 일기를 써 보세요.

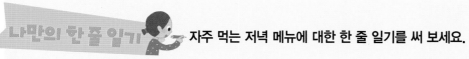

★참고 표현 **fish** 생선   **spaghetti** 스파게티   **fried rice** 볶음밥   *gimbap* 김밥

43

📢 오늘의 질문 **아침 몇 시에 일어나나요?**

💬 한 줄로 답해봐! **I get up at seven o'clock.**

나는 7시에 일어나요.

시간 표현하기 get up은 '일어나다, 기상하다'라는 뜻이에요. at seven처럼 전치사 at 뒤에 시간을 나타내는 숫자를 붙여 표현해요. 매시 정각을 나타낼 때는 숫자 뒤에 o'clock을 붙여 써 준답니다.

 패턴 문장 써 보기

six o'clock

eight o'clock

eight thirty

① 나는 6시 정각에 일어나.

I get up at six o'clock.

② 나는 8시 정각에 일어나.

I get up at

③ 나는 8시 반에 일어나.

44

1. 나는 7시 정각에 일어난다.

→ _____ _____ _____ _____ seven o'clock.

2. 나는 10시 정각에 일어난다.

→ I get up at _____ _____.

3. 나는 8시 정각에 세수를 한다. (wash my face 내 얼굴을 씻다)

→ _____ _____ _____ _____ _____ eight o'clock.

4. 우리는 9시 정각에 학교에 간다. (go to school 학교에 가다)

→ We _____ _____ _____ _____ nine o'clock.

5. 우리는 점심을 11시 반에 먹는다. (have lunch 점심을 먹다)

→ _____ _____ _____ _____ _____ _____.

나만의 한 줄 일기 ── 저녁 일과에 대한 한 줄 일기를 써 보세요.

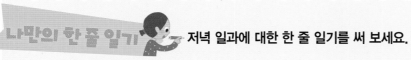

★참고 표현 · take a shower 샤워를 하다 · clean my room 내 방을 청소하다 · do my homework 내 숙제를 하다

오늘의 질문 **부모님께서 내게 매일 하시는 말씀은 무엇인가요?**

💬 한 줄로 답해봐! **You have to wash your hands.**

너는 손을 씻어야 해.

해야 하는 일 표현하기 꼭 해야 하는 일을 나타낼 때는 have to를 쓸 수 있어요. have to 다음에는 반드시 동사 원형을 써 줘야 함을 기억하세요. 과거의 의무를 말할 때에는 had to(…해야 했다)라고 표현합니다.

패턴 문장 써 보기

do your homework

eat vegetables

wear a seat belt

① 너는 숙제를 해야 해.

You have to do your homework.

② 너는 채소를 먹어야 해.

You have to

③ 너는 안전 벨트를 매야 해.

 우리말에 맞도록 빈칸에 알맞은 단어를 써 보세요.

1. 너는 휴대폰을 꺼야 해.

➡ _____ _____ _____ turn off your cellphone.

2. 너는 바이올린 연습을 해야 해. **(practice** 연습하다, **violin** 바이올린**)**

➡ You have to _____ the _____ .

＊악기 앞에는 정관사 the를 붙여줘요.

3. 너는 양치를 해야 해. **(brush teeth** 양치를 하다**)**

➡ _____ _____ _____ _____ your teeth.

4. 그는 강아지에게 밥을 줘야 한다. **(feed** 먹이를 주다**)**

➡ He _____ _____ _____ his dog.

＊주어가 he, she, it일 때에는 have를 has로 고쳐 써요.

5. 우리는 줄을 서서 기다려야 해. **(wait in line** 줄을 서서 기다리다**)**

➡ We _____ _____ _____ in line.

학교에서 선생님이 가장 많이 하시는 훈화 말씀을 한 줄 일기로 써 보세요.

★참고 표현   **be quiet** 조용히 하다   **walk** 걷다   **on time** 제시간에   **have a dream** 꿈을 갖다

오늘의 질문　엄마는 음식을 권할 때 뭐라고 말씀하시나요?

한 줄로 답해봐!　**Would you like some bread?**

빵 좀 먹어 보겠니?

음식 권하기　다른 사람에게 맛있는 음식을 먹어보라고 권할 때는 「Would you like + 음식?」으로 나타낼 수 있어요. 음식을 나타내는 명사 앞에 a, an, some 등을 써서 음식의 양을 나타낼 수 있어요.

 패턴 문장 써 보기

an apple

a piece of cake

some *gimchi*

① 사과 하나 먹어 보겠니?

Would you like an apple?

② 케이크 한 조각 먹어 보겠니?

Would you like

③ 김치 좀 먹어 보겠니?

한 줄 쓰기 연습 우리말에 맞도록 빈칸에 알맞은 단어를 써 보세요.

1. 아이스크림 좀 먹어 보겠니?

→ _____ _____ _____ some ice cream?

 *정해지지 않은 수량의 음식을 권할 때는 음식 앞에 some을 써요.

2. 오렌지 하나 먹어 보겠니? (orange 오렌지)

→ Would you like _____ _____?

 *orange는 단모음 o로 시작하므로 관사 an이 어울려요.

3. 샌드위치 좀 먹어 볼래? (sandwich 샌드위치)

→ _____ _____ _____ some _____es?

4. 치즈 한 조각 먹어 볼래? (cheese 치즈)

→ Would you like _____ _____ _____ _____?

 *a piece of: … 한 조각

5. 주스 한 잔 마셔 보겠니? (juice 주스)

→ Would you _____ _____ _____ _____?

 *a glass of: … 한 잔

나만의 한 줄 일기 집에 놀러 온 친구에게 맛있는 음식을 권하는 한 줄 일기를 써 보세요.

★참고 표현 **cookie** 쿠키   **milk** 우유   **drink** 음료수   **fruit** 과일   **dessert** 디저트   **a cup of** … 한 컵

📢 오늘의 질문　**오늘은 무슨 요일인가요?**

💬 한 줄로 답해봐!　**It's Monday.**
오늘은 월요일이에요.

시기 표현하기 요일을 나타낼 때는 It is 또는 It's 다음에 요일을 나타내는 명사를 써서 말합니다. 여기에서 it은 해석을 따로 하지 않는 '비인칭주어'에요. It is/It's 뒤에 월, 날짜, 시간 등을 붙여서도 표현할 수 있답니다.

패턴 문장 써 보기

Tuesday

Wednesday

Friday

① 오늘은 화요일이다.

It's Tuesday.

② 오늘은 수요일이다.

It's

③ 오늘은 금요일이다.

한 줄 쓰기 연습 우리말에 맞도록 빈칸에 알맞은 단어를 써 보세요.

1. 오늘은 토요일이다.

→ _____ Saturday.

2. 오늘은 일요일이다. (Sunday 일요일)

→ It's _____.

3. 지금은 1월이다. (January 1월)

→ _____ _____.

4. 지금은 2월이다. (February 2월)

→ _____ _____.

5. 지금은 4시다.

→ _____ _____ _____.

＊매시 정각을 나타낼 때는 숫자 뒤에 o'clock을 붙여줘요.

 지금이 몇 월인지 한 줄 일기로 써 보세요.

★참고 표현 **March** 3월 **April** 4월 **May** 5월 **June** 6월 **July** 7월 **August** 8월 **September** 9월
October 10월 **November** 11월 **December** 12월

51

📢 오늘의 질문 **오늘 날씨는 어떤가요?**

💬 한 줄로 답해봐! **It's rainy.**
비가 와요.

날씨 표현하기 날씨는 일기를 쓸 때 빼 놓을 수 없는 필수 요소죠. 날씨를 표현할 때 It is 또는 It's 다음에 날씨를 나타내는 형용사를 넣어 말해 보아요.

패턴 문장 써 보기

snowy

sunny

windy

① 눈이 온다.

It's snowy.

② 화창하다.

It's

③ 바람이 분다.

한 줄 쓰기 연습 우리말에 맞도록 빈칸에 알맞은 단어를 써 보세요.

1. 안개가 껴 있다.

→ _____ foggy.

2. 폭풍우가 몰아친다. (stormy 폭풍우가 치는)

→ It's _____.

3. 덥다. (hot 더운)

→ _____ _____.

4. 춥고 바람이 분다. (cold 추운, windy 바람이 부는)

→ _____ _____ and _____.

5. 따뜻하고 화창하다. (warm 따뜻한)

→ _____.

나만의 한 줄 일기 오늘 날씨를 한 줄 일기로 써 보세요.

★참고 표현 **wet** 비가 오는 **dry** 건조한 **clear** 맑은 **cloudy** 흐린

📢 오늘의 질문　이제 무엇을 할 시간인가요?

💬 한 줄로 답해봐!　**It's time to go home.**

집에 갈 시간이에요.

할 일 상기시켜 주기　time은 '시간'을 뜻하는 명사에요. '이제 …할 시간이야.'라고 해야 할 일을 상기시켜 줄 때 「It is/It's time to + 동사원형」으로 표현합니다.

 패턴 문장 써 보기

stop playing games

start class

go shopping

① 게임 그만 할 시간이야.

It's time to stop playing games.

② 수업 시작할 시간이야.

It's time to

③ 쇼핑할 시간이야.

54

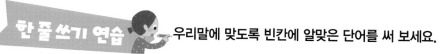

우리말에 맞도록 빈칸에 알맞은 단어를 써 보세요.

1. 양치할 시간이야.

→ _____ _____ _____ brush my teeth.

2. 자러 갈 시간이야. **(go to bed** 잠 자러 가다**)**

→ It's time to _____ _____ _____ .

3. 영어를 배울 시간이야. **(learn** 배우다**)**

→ It's _____ _____ _____ English.

4. 버스 탈 시간이야. **(take the bus** 버스를 타다**)**

→ _____ _____ _____ _____ the bus.

5. 이제 일어날 시간이야. **(get up** 일어나다**)**

→ _____ _____ _____ _____ _____ .

저녁을 먹은 이후에 할 일을 한 줄 일기로 써 보세요.

★참고 표현 · **take a shower** 샤워하다   **wash the dishes** 설거지하다   **take a walk** 산책하다

Date :

Weather :

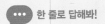 집을 나설 때 엄마가 당부하시는 말씀은 무엇인가요?

💬 한 줄로 답해봐! **Don't forget to take your umbrella.**

우산 가져가는 것 잊지 말아.

당부하기 잊지 말고 반드시 해야 할 일을 상대방에게 알려줄 때 「Don't forget to + 동사원형」을 사용해서 '…하는 것을 잊지 마.', '반드시 …해야 해.'라고 말할 수 있어요.

패턴 문장 써 보기

turn off the light

bring the key

close the window

① 불 끄는 것 잊지 마.

Don't forget to turn off the light.

② 열쇠 가져오는 것 잊지 마.

Don't forget to

③ 창문 닫는 것 잊지 마.

한 줄 쓰기 연습

우리말에 맞도록 빈칸에 알맞은 단어를 써 보세요.

1. 숙제하는 것 잊지 마.

➡ _____ _____ _____ do your homework.

2. 간식 가져오는 것 잊지 마. **(bring** 가져오다, **snack** 간식**)**

➡ Don't forget to _____ _____s.

3. 선크림 바르는 것 잊지 마. **(sunscreen** 선크림**)**

➡ Don't _____ _____ put _____ on.

4. 나한테 전화하는 것 잊지 마. **(call** 전화하다**)**

➡ _____ _____ _____ _____ _____ me.

5. 내 선물 사는 것을 잊지 마. **(buy** 사다, **present** 선물**)**

➡ _____ _____ _____ _____ my _____.

나만의 한 줄 일기

부모님이 늘 당부하시는 말씀을 한 줄 일기로 써 보세요.

★참고 표현 **lock the door** 문을 잠그다   **wear a seat belt** 안전벨트를 매다

오늘의 질문 **책가방은 지금 어디에 있나요?**

💬 한 줄로 답해봐! **It's on the desk.**

그것은 책상 위에 있어요.

위치 표현하기 위치를 가리킬 때는 「It's/It is + 위치 전치사 + 명사」 순서로 써요. 위치를 나타내는 전치사에는 on(…위에), in(…안에), under(…아래에), next to(…옆에), in front of(…앞에), behind(…뒤에), between(…사이에) 등이 있습니다.

패턴 문장 써 보기

under

next to

in front of

① 그것은 책상 밑에 있어.

It's under the desk.

② 그것은 책상 옆에 있어.

It's   the desk.

③ 그것은 책상 앞에 있어.

58

한 줄 쓰기 연습 — 우리말에 맞도록 빈칸에 알맞은 단어를 써 보세요.

1. 그것은 식탁 위에 있어.

   → ＿＿＿＿＿＿ ＿＿＿＿＿ the table.

2. 그것은 냉장고 안에 있어. **(fridge 냉장고)**

   → It's ＿＿＿＿＿ the ＿＿＿＿＿.

3. 그것은 냉장고 옆에 있어.

   → ＿＿＿＿＿＿＿＿＿＿＿＿＿＿＿＿＿＿＿＿＿＿＿＿＿＿＿.

4. 고양이는 의자 밑에 있어. **(chair 의자)**

   → The cat ＿＿＿＿＿＿＿＿＿＿＿＿＿＿＿＿＿＿＿＿＿＿.

5. 강아지가 의자와 상자 사이에 있어. **(box 상자)**

   → The dog ＿＿＿ ＿＿＿ the ＿＿＿ ＿＿＿ ＿＿＿ ＿＿＿.

   *between A and B는 'A와 B 사이에'를 의미해요.

나만의 한 줄 일기 — 내가 가장 아끼는 물건의 위치를 한 줄 일기로 써 보세요.

★참고 표현 **toy box** 장난감 상자   **ball** 공   **closet** 옷장   **bookshelf** 책장   **bed** 침대   **sofa** 소파   **wall** 벽

📢 오늘의 질문 **내가 할 수 있는 집안일은 무엇인가요?**

💬 한 줄로 답해봐! **I can wash the dishes.**

나는 설거지를 할 수 있어요.

능력 표현하기 조동사 can을 사용해서 능력 또는 가능을 나타낼 수 있답니다. 「I can + 동사원형」 순서로 써서 '나는 …을 할 수 있다.'라고 표현해요.

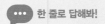

clean my room

fold the laundry

make my bed

① 나는 내 방을 청소할 수 있어.

I can clean my room.

② 나는 빨래를 갤 수 있어.

I can

③ 나는 내 침대를 정돈할 수 있어.

1. 나는 우리 강아지를 씻길 수 있어.

→ _____ _____ wash my dog.

2. 나는 바닥을 대걸레로 닦을 수 있어. (mop 대걸레로 닦다, floor 바닥)

→ I can _____ the _____.

3. 나는 창문을 닦을 수 있어. (wipe the window 창문을 닦다)

→ _____ _____ _____ the window.

4. 그는 장난감을 치울 수 있어. (put away 치우다, toy 장난감)

→ He _____ _____ _____ his _____s.

*주어가 she, he, we등으로 바뀌어도 can의 형태는 바뀌지 않아요.

5. 우리는 쓰레기를 버릴 수 있어. (throw away the trash 쓰레기를 버리다)

→ _____ _____ _____ _____ _____ _____.

 나만의 한 줄 일기 가장 자신 있는 집안일에 대해 한 줄 일기를 써 보세요.

★참고 표현 **vacuum the floor** 진공 청소기로 바닥을 청소하다 **water the plant** 화분에 물을 주다
set the table 밥상을 차리다 **wipe the mirror** 거울을 닦다

A 우리말에 맞도록 표현을 연결해 문장을 완성해 보세요.

1. 나는 7시에 일어나요.

   Would you like

   seven o'clock.

2. 너는 손을 씻어야 해.

   It's time to

   wash your hands.

3. 빵 좀 먹어 보겠니?

   Don't forget to

   go home.

4. 집에 갈 시간이에요.

   It's

   on the desk.

5. 우산 가져가는 것 잊지 말아요.

   I get up at

   take your umbrella.

6. 그것은 책상 위에 있어요.

   I can

   some bread?

7. 나는 설거지를 할 수 있어요.

   You have to

   wash the dishes

B 우리말을 읽고 답변을 영어로 써 보세요. 잘 기억나지 않으면 해당 쪽수로 돌아가 복습하세요.

1 질문 점심에 항상 무엇을 먹나요?

답변 나는 점심에 항상 샐러드를 먹어요. 43쪽

salad

2 질문 부모님께서 내게 매일 하시는 말씀은 무엇인가요?

답변 너는 양치를 해야 해. 47쪽

brush teeth

3 질문 오늘은 무슨 요일인가요?

답변 오늘은 일요일이에요. 51쪽

SUN
일요일

Sunday

4 질문 오늘 날씨는 어떤가요?

답변 폭풍우가 몰아쳐요. 53쪽

stormy

5 질문 집을 나설 때 엄마가 당부하시는 말씀은 무엇인가요?

답변 창문 닫는 것 잊지 마. 56쪽

close the window

그동안 배운 표현으로 짧은 일기를 완성할 수 있어요.
잘 읽고 원어민의 음성을 들으면서 다시 한번 익혀보세요.

My Healthy Breakfast

I get up at seven o'clock. I usually have breakfast at eight. Breakfast is my favorite meal. My mom asks me, "Would you like some salad?" I like salad. Salad is good for your health.

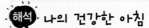 **나의 건강한 아침**

나는 7시에 일어난다. 나는 주로 8시에 아침 식사를 한다. 아침식사는 내가 가장 좋아하는 식사야. 엄마는 내게 물어보신다. "샐러드 먹을래?" 나는 샐러드를 좋아한다. 샐러드는 몸에 좋으니까.

Time to Clean Up

My room is a mess. I like to clean my room. I can make my bed. My clothes are on the bed. I can pick up my toys. I feel great! Now, it's time to play outside.

해석 청소할 시간

내 방은 지저분해. 나는 청소하는 것을 좋아해. 나는 침대 정리를 할 수 있어. 내 옷이 침대 위에 있어. 나는 내 장난감을 치울 수 있어. 기분이 좋아! 이제 나가서 놀 시간이야.

64

PART 3

School Days
학교생활

오늘의 질문   나와 가장 친한 친구의 성격은 어떤가요?

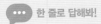 한 줄로 답해봐!   ## My friend is **kind.**

내 친구는 친절해요.

성격 묘사하기 사람의 성격을 표현할 때는 be동사 am, is, are 뒤에 형용사를 붙여 나타냅니다. '~는 …하다'라고 말하고 싶을 때는 「주어＋be동사＋형용사」로 표현해요.

패턴 문장 써 보기

brave

smart

funny

① 내 친구는 용감해.

My friend is brave.

② 내 친구는 똑똑해.

My friend is

③ 내 친구는 재미있어.

66

1. 내 친구는 정직해.

   → _____ _____ _____ honest.

2. 내 친구는 참을성이 있어. **(patient** 참을성 있는**)**

   → My friend is _____.

3. 그녀는 다정해. **(friendly** 다정한**)**

   → She _____ _____.

4. 나는 수줍음이 많아. **(shy** 수줍음이 많은**)**

   → I _____ _____.

   *주어가 1인칭인 경우 be동사 am을 써요.

5. 그녀는 활발해. **(active** 활발한**)**

   → _____ _____ _____.

나만의 한 줄 일기 가장 친한 친구의 성격에 대해 한 줄 일기를 써 보세요.

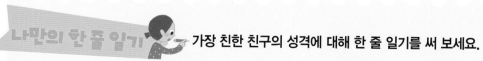

★참고 표현 **warm** 따뜻한 **creative** 창의적인 **caring** 배려심이 깊은 **energetic** 에너지 넘치는

Date :

Weather : ☀ ☁ ⛅ 🌧 🌦

 오늘의 질문 어떤 취미 생활을 즐기나요?

💬 한 줄로 답해봐! **I enjoy reading books.**

나는 책 읽는 것을 즐겨요.

즐겨하는 일 표현하기 enjoy는 '즐기다' 라는 뜻을 가지는 동사로, like처럼 좋아하는 것을 말할 때 쓰는 단어에요. I enjoy 뒤에는 명사와 –ing(동명사) 형태만 올 수 있다는 사실 기억하세요.

패턴 문장 써 보기

coloring

traveling

swimming

① 나는 색칠하는 것을 즐겨.

I enjoy coloring.

② 나는 여행을 즐겨.

I enjoy

③ 나는 수영을 즐겨.

1. 나는 숫자 세는 것을 즐겨.

→ _____ _____ counting.

2. 나는 그림 그리는 것을 즐겨. (draw a picture 그림을 그리다)

→ I enjoy _____ a _____.

3. 나는 풍선 부는 것을 즐겨. (blow a balloon 풍선을 불다)

→ _____ _____ _____ balloons.

4. 내 동생은 야구 하는 것을 즐겨. (play baseball 야구를 하다)

→ My brother _____ _____ _____.

＊주어가 my brother이므로 동사는 enjoys 형태로 바꾸어야 해요.

5. 우리는 음악 듣는 것을 즐긴다. (listen to music 음악을 듣다)

→ We _____ _____ _____ _____.

나만의 한 줄 일기 가장 좋아하는 학교 활동에 대해 한 줄 일기를 써 보세요.

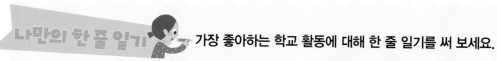

★참고 표현 **write** 쓰다 **run** 뛰다 **have a party** 파티를 열다 **play a game** 게임을 하다

오늘의 질문　　집에서 어떻게 등교하나요?

💬 한 줄로 답해봐!　**I go to school by bus.**

나는 버스를 타고 학교에 가요.

교통 수단 표현하기 어떤 교통 수단을 이용하는지 말할 때는 「I go to + 목적지 + by + 교통 수단」의 순서로 씁니다. by 뒤에 bus, bike, car 등의 교통 수단을 넣어 말할 수 있고, '걸어서'를 의미할 때에는 on을 써서 on foot라고 씁니다.

패턴 문장 써 보기

by bike

by car

on foot

① 나는 자전거를 타고 학교에 가.

I go to school by bike.

② 나는 차를 타고 학교에 가.

I go to school

③ 나는 걸어서 학교에 가.

70

한 줄 쓰기 연습 우리말에 맞도록 빈칸에 알맞은 단어를 써 보세요.

1. 나는 지하철을 타고 학교에 가.

➜ _____ _____ _____ _____ _____ subway.

2. 나는 기차를 타고 바닷가에 가. **(train** 기차**)**

➜ I go to the beach _____ _____.

3. 우리는 걸어서 공원에 가. **(park** 공원**)**

➜ We go to the _____ _____ _____.

4. 우리는 비행기를 타고 제주도에 가. **(airplane** 비행기**)**

➜ _____ _____ _____ Jeju-do _____ _____.

5. 아빠는 차를 타고 회사에 가셔. **(go to work** 출근하다**)**

➜ Dad _____ _____ _____ _____.

*주어가 3인칭일 때는 동사 go 뒤에 es를 붙여 goes로 바꾸어 써요.

나만의 한 줄 일기 할아버지 할머니 댁에 가는 방법을 한 줄 일기로 써 보세요.

★참고 표현 **plane** 비행기   **taxi** 택시   **boat** 배   **ferry** 여객선   **airport** 공항

71

 오늘의 질문 **오늘 학교에서는 무슨 과목을 공부했나요?**

💬 한 줄로 답해봐! **I had music class today.**

오늘 나는 음악 수업을 들었어요.

경험 표현하기 동사 have는 '가지다, 먹다' 등의 뜻으로 주로 쓰는데요. 어떤 행사를 경험하거나 수업을 들었다는 사실을 말할 때에도 동사 have를 활용할 수 있습니다. have의 과거형인 had를 사용하여 「I had + 명사」로 나타내요.

 패턴 문장 써 보기

English class

art class

computer class

① 오늘 나는 영어 수업을 들었어.

I had English class today.

② 오늘 나는 미술 수업을 들었어.

I had   today.

③ 오늘 나는 컴퓨터 수업을 들었어.

1. 오늘 나는 체육 수업을 들었다.

➡ _____ _____ gym class today.

2. 오늘 나는 과학 수업을 들었다. (science 과학)

➡ I had _____ _____ today.

3. 오늘 우리는 수학 시험을 봤다. (math 수학, test 시험)

➡ We _____ _____ _____ _____ today.

4. 어제 우리는 학예회를 했다. (talent show 학예회)

➡ _____ _____ _____ _____ yesterday.

5. 어제 우리는 음악 축제를 했다. (festival 축제)

➡ _____ _____ a music _____ _____.

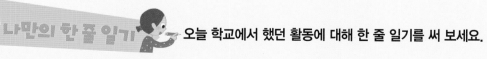

나만의 한 줄 일기 오늘 학교에서 했던 활동에 대해 한 줄 일기를 써 보세요.

★참고 표현 · taegwondo 태권도 · yoga 요가 · ballet 발레 · cooking 요리 · field trip 현장 학습

 오늘의 질문　학교에서 하지 말아야 할 일은 무엇인가요?

💬 한 줄로 답해봐!　**Don't run in the hallways.**
복도에서 뛰지 말아라.

금지하기 '…하지 말아라.'라고 상대방에게 명령할 때는, 문장의 맨 앞에 Don't를 넣고, 그 뒤에 동사원형을 써 줍니다. 이때 Don't 대신 Do not을 쓸 수도 있답니다.

패턴 문장 써 보기

be late

scream in class

fight with friends

① 늦지 말아라.

Don't be late.

② 수업 중에 소리 지르지 말아라.

Don't

③ 친구들과 싸우지 말아라.

한 줄 쓰기 연습 — 우리말에 맞도록 빈칸에 알맞은 단어를 써 보세요.

1. 수업 중에는 음식을 먹지 말아라.

→ _____ eat in class.

2. 만화책 읽지 말아라. (read 읽다, comic book 만화책)

→ Don't _____ _____ books.

3. 휴대폰 사용하지 말아라. (use 사용하다, cellphone 휴대폰)

→ Don't _____ your _____ _____.

4. 껌 씹지 말아라. (chew 씹다, gum 껌)

→ _____ _____ _____.

5. 네 책상에 그림 그리지 말아라. (draw 그림 그리다, desk 책상)

→ _____ _____ on _____ _____.

나만의 한 줄 일기 — 공공장소에서 하지 말아야 하는 행동에 대해 한 줄 일기를 써 보세요.

★참고 표현   cut in line 새치기 하다   talk in a loud voice 큰 목소리로 말하다   spit on the street 길에 침을 뱉다

Date :

Weather :

 오늘의 질문　친구를 도와준 적이 있나요?

💬 한 줄로 답해봐!　**I helped my friend move desks.**

나는 친구가 책상 옮기는 것을 도와줬어요.

과거 사실 표현하기　'~가 …하는 것을 도와주다'는 「help + 사람 + 동사원형」으로 표현해요. help 뒤에 -ed를 붙이면 '도와줬다'를 의미하는 과거형 동사가 됩니다.

패턴 문장 써 보기

find books

lift a box

practice soccer

① 나는 친구가 책 찾는 것을 도와줬어.

I helped my friend find books.

② 나는 친구가 상자를 드는 것을 도와줬어.

I helped my friend

③ 나는 친구가 축구 연습하는 것을 도와줬어.

76

 우리말에 맞도록 빈칸에 알맞은 단어를 써 보세요.

1. 나는 그녀가 교실 청소하는 것을 도와줬다.

   ➡ _____ _____ her clean the classroom.

2. 나는 그녀가 컴퓨터 고치는 것을 도와줬다. (fix 고치다)

   ➡ I helped _____ _____ the computer.

3. 나는 그가 길 건너는 것을 도와줬다. (cross the street 길을 건너다)

   ➡ I _____ him _____ the street.

4. 우리는 그가 의자를 옮기는 것을 도와줬다. (move 옮기다)

   ➡ We _____ _____ _____ chairs.

5. 우리는 그가 표 사는 것을 도와줬다. (buy 사다, ticket 표)

   ➡ _____ _____ _____ _____ _____ _____ .

학교에서 선생님을 도와드렸던 경험을 한 줄 일기로 써 보세요.

★참고 표현 erase the blackboard 칠판을 지우다   organize books 책을 정리하다   put away 치우다

📢 오늘의 질문 **학교에 오기 전 부모님께 뭐라고 인사드렸나요?**

💬 한 줄로 답해봐! # Have a good **day.**

좋은 하루 보내세요.

헤어질 때 인사하기 '좋은 하루 보내.'라는 의미의 Have a good day.는 우리 일상 생활에서 많이 쓰는 인사말이에요. 「Have a + 형용사 + 명사」의 형태로, '~한 … 보내세요.' 하며 상대가 즐겁게 지내길 바라는 마음을 전해 보세요.

time

weekend

night

① 좋은 시간 보내.

Have a good time.

② 좋은 주말 보내.

Have a good

③ 좋은 밤 보내.

우리말에 맞도록 빈칸에 알맞은 단어를 써 보세요.

1. 즐거운 휴일 보내세요.

➡ _____ _____ _____ holiday.

2. 맛있는 식사하세요. **(meal** 식사**)**

➡ Have a good _____ .

3. 좋은 저녁 보내세요. **(evening** 저녁**)**

➡ Have a _____ _____ .

4. 좋은 여행 되세요. **(trip** 여행**)**

➡ _____ a nice _____ .

5. 좋은 방학 보내세요. **(vacation** 방학**)**

➡ _____ _____ wonderful _____ .

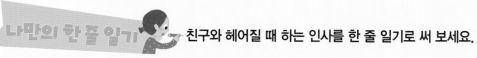

나만의 한 줄 일기

친구와 헤어질 때 하는 인사를 한 줄 일기로 써 보세요.

★참고 표현 **great** 훌륭한, 좋은 **happy** 행복한 **safe** 안전한 **sweet dreams** 좋은 꿈

Day 28

Date : _____

Weather : ☀ ☁ ⛅ 🌧 🌧

 오늘의 질문   우리 학교에는 어떤 시설이 있나요?

💬 한 줄로 답해봐!   There is **a library** in my school.

우리 학교에는 도서관이 있어요.

> **존재 표현하기** '…이 있다'라고 표현하려면 There is/are를 활용해요. There is 뒤에는 단수 명사가, There are 다음에는 복수 명사가 온다는 점 꼭 기억하세요!

패턴 문장 써 보기

a cafeteria

a swimming pool

a gym

① 우리 학교에는 식당이 있다.

There is a cafeteria in my school.

② 우리 학교에는 수영장이 있다.

There is

③ 우리 학교에는 체육관이 있다.

_____

한 줄 쓰기 연습 우리말에 맞도록 빈칸에 알맞은 단어를 써 보세요.

1. 우리 학교에는 과학실이 있다.

→ _____ _____ a science room in my school.

2. 우리 학교에는 정원이 있다. (**garden** 정원)

→ There is _____ _____ in my school.

3. 우리 학교에는 조각상이 있다. (**statue** 조각상)

→ _____ _____ a _____ _____ _____ _____.

4. 복도에 학생들이 있다. (**student** 학생)

→ _____ _____ _____s in the hallway.

＊복수 명사가 나올 때는 There is 대신에 There are을 써요.

5. 우리 교실에는 사물함이 있다. (**locker** 사물함, **classroom** 교실)

→ _____ _____ _____s _____ my _____.

나만의 한 줄 일기 우리 교실에 있는 물건에 대해 한 줄 일기를 써 보세요.

★참고 표현 **hanger** 옷걸이 **fan** 선풍기 **flower** 꽃 **trash can** 쓰레기통 **timetable** 시간표

81

📢 오늘의 질문 선생님께서는 내게 어떤 칭찬을 해 주시나요?

💬 한 줄로 답해봐! **What a beautiful name!**

정말 아름다운 이름이구나!

감탄하기 감탄하는 문장을 만들기 위해서는 「What a(n) + 형용사 + 명사」로 표현해요. 형용사 자리에는 beautiful, good, nice, great 등의 긍정의 의미를 담은 단어가 오며, 명사 자리에는 감탄의 대상이 옵니다.

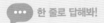

pretty girl

brave boy

great job

① 너는 정말 예쁜 소녀구나!

What a pretty girl!

② 너는 정말 용감한 소년이구나!

What a

③ 정말 훌륭하게 해냈구나!

한 줄 쓰기 연습 우리말에 맞도록 빈칸에 알맞은 단어를 써 보세요.

1. 너는 정말 좋은 학생이구나!

➡ _____ _____ good student!

2. 정말 훌륭한 생각이구나! (**great** 훌륭한, **idea** 생각)

➡ What a _____ _____!

3. 정말 아름다운 목소리구나! (**beautiful** 아름다운, **voice** 목소리)

➡ _____ _____ _____ _____!

4. 정말 놀랍도록 좋은 날씨구나! (**amazing** 놀라운, **weather** 날씨)

➡ _____ _____ _____!

＊날씨를 뜻하는 명사 weather 앞에는 관사 a가 필요없어요.

5. 정말 맛있는 디저트구나! (**delicious** 맛있는, **dessert** 디저트)

➡ _____ _____ _____ _____!

나만의 한 줄 일기 선생님께 들어본 칭찬에 대해 한 줄 일기를 써 보세요.

★참고 표현 **honest** 정직한 **strong** 강한 **handwriting** 글씨체 **soft** 부드러운 **neat** 단정한 **unusual** 특이한

📢 오늘의 질문　친구에게 같이 하자고 제안하고 싶은 일은 무엇인가요?

💬 한 줄로 답해봐!　Let's **fly an airplane.**

비행기를 날리자.

제안하기 '…하자.'라고 친구에게 제안할 때는 Let's를 활용해요. 이 때, Let's 는 Let us의 줄임말이지요. Let's 뒤에 동사원형을 써서 제안하는 문장을 만들어 보세요.

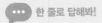
패턴 문장 써 보기

play outside

play with a ball

have lunch

① 우리 밖에서 놀자.

Let's play outside.

② 우리 공놀이하자.

Let's

③ 우리 점심 먹자.

1. 우리 노래 부르자.

➡ _____ sing a song.

2. 우리 또 만나자. (meet 만나다)

➡ Let's _____ again.

3. 우리 다 같이 학교 가자. (go to school 학교에 가다)

➡ _____ _____ to school together.

4. 우리 자전거 타자. (ride a bike 자전거 타다)

➡ _____ _____ a _____.

5. 우리 다시 시작하자. (start 시작하다)

➡ _____ _____ _____.

나만의 한 줄 일기 친구와 함께 하고 싶은 주말 활동에 대해 한 줄 일기를 써 보세요.

★참고 표현 go camping 캠핑 가다   watch a movie 영화 보다   visit a museum 박물관에 가다
have a pajama party 파자마 파티를 하다

Review

A 우리말에 맞도록 표현을 연결해 문장을 완성해 보세요.

1 내 친구는 친절해요. ● ● I enjoy ● ● day.

2 나는 책 읽는 것을 즐겨요. ● ● I helped my friend ● ● run in the hallways.

3 복도에서 뛰지 말아라. ● ● There is ● ● kind.

4 나는 친구가 책상을 옮기는 것을 도와줬어요. ● ● My friend is ● ● fly a kite.

5 좋은 하루 보내세요. ● ● Let's ● ● a library in my school.

6 우리 학교에는 도서관이 있어요. ● ● Have a good ● ● reading books.

7 연 날리자. ● ● Don't ● ● move desks.

B 우리말을 읽고 답변을 영어로 써 보세요. 잘 기억나지 않으면 해당 쪽수로 돌아가 복습하세요.

1 질문 집에서 어떻게 등교하나요?

답변 나는 지하철을 타고 학교에 가요. 71쪽

_____

subway

2 질문 오늘 학교에서는 무슨 과목을 공부했나요?

답변 오늘 나는 체육 수업을 들었어요. 73쪽

_____

gym class

3 질문 복도에 누가 있나요?

답변 복도에 학생들이 있어요. 81쪽

_____

hallway

4 질문 선생님께서는 내게 어떤 칭찬을 해 주시나요?

답변 정말 훌륭한 생각이구나! 83쪽

_____

great idea

5 질문 친구에게 같이 하자고 제안하고 싶은 일은 무엇인가요?

답변 우리 자전거 타자. 85쪽

ride a bike

그동안 배운 표현으로 짧은 일기를 완성할 수 있어요.
잘 읽고 원어민의 음성을 들으면서 다시 한번 익혀보세요.

My Good Friend

Today, I will introduce my friend. His name
is Tyler. He is energetic. Yesterday,
I helped him practice soccer.
I enjoy playing soccer with Tyler.
We are good friends.

해석 나의 좋은 친구

오늘 나의 친구를 소개해 줄게. 그의 이름은 타일러야. 그 애는 에너지가 넘쳐. 어제 나는 타일러가 축구
연습 하는 걸 도와줬어. 나는 타일러랑 같이 축구하는 것을 좋아해. 우리는 좋은 친구야.

Food Festival

I like my school. There is a cafeteria in my
school. We had a food festival at the
cafeteria. I helped the teachers
cook food. The food was delicious.
What a great day!

해석 음식 축제

난 우리 학교가 좋아. 우리 학교에는 식당이 있어. 어제는 식당에서 음식 축제가 있었어. 나는 선생님들이
음식 만드시는 것을 도와드렸어. 음식은 맛있었어. 정말 멋진 하루였어!

PART 4

Fun Activities
재미있는 활동

Date : _____

Weather :

📢 오늘의 질문 **얼마나 자주 운동을 하나요?**

💬 한 줄로 답해봐! **I exercise once a week.**

나는 일주일에 한 번 운동해요.

횟수 표현하기 어떤 일을 얼마나 자주 하는지 말하고 싶을 때는 주어와 동사 뒤에, 횟수를 나타내는 표현을 덧붙여 줍니다. once(한 번), twice(두 번) 이외에도, 숫자 뒤에 time(s)을 붙이면 '~번'을 의미하는 표현이 됩니다.

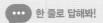

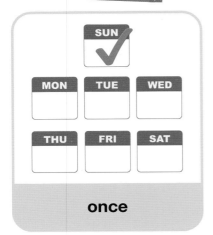

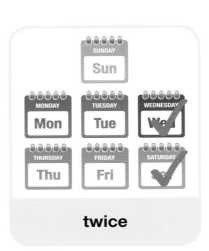

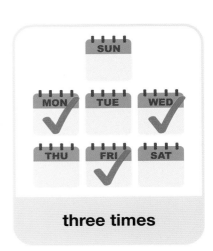

① 나는 일주일에 한 번 운동한다.

I exercise once a week.

② 나는 일주일에 두 번 운동한다.

I exercise   a week.

③ 나는 일주일에 세 번 운동한다.

_____

_____

90

한 줄 쓰기 연습 우리말에 맞도록 빈칸에 알맞은 단어를 써 보세요.

1. 나는 일주일에 한 번 축구를 해.

➡ I play soccer ＿＿＿＿＿＿ ＿＿＿＿＿＿ ＿＿＿＿＿＿.

2. 나는 하루에 세 번 양치해. **(brush teeth** 양치하다**)**

➡ I ＿＿＿＿＿＿ my ＿＿＿＿＿＿ three times a day.

3. 나는 하루에 두 번 샤워해. **(take a shower** 샤워를 하다**)**

➡ I ＿＿＿＿＿ ＿＿＿＿＿ ＿＿＿＿＿ ＿＿＿＿＿ a day.

4. 나는 하루에 한 번 셀카를 찍어. **(take a selfie** 셀카를 찍다**)**

➡ ＿＿＿＿＿ ＿＿＿＿＿ a selfie ＿＿＿＿＿ ＿＿＿＿＿ ＿＿＿＿＿.

5. 나는 매일 피아노 연습을 해. **(practice** 연습하다**, piano** 피아노**)**

➡ ＿＿＿＿＿＿＿＿＿＿＿＿＿＿＿＿＿＿＿＿＿＿＿＿.

*every day 매일, 날마다

 **나만의 한 줄 일기** 얼마나 자주 영어 공부를 하는지 한 줄 일기로 써 보세요.

★참고 표현 **study English** 영어 공부를 하다 **every week** 매주 **every month** 매달 **every year** 매년

 오늘의 질문 가장 최근에 어떤 영화를 보았나요?

💬 한 줄로 답해봐! **I watched a comedy movie.**

나는 코미디 영화를 보았어요.

과거의 경험 말하기 (1) watch는 '보다'라는 뜻이에요. '나는 …을 봤다.'
라고 표현할 때는 watch의 과거형 watched를 사용하여 「I watched + 명사」 순
으로 표현합니다.

패턴 문장 써 보기

an action movie

an animation movie

a horror movie

① 나는 액션 영화를 봤어.

I watched an action movie.

② 나는 만화 영화를 봤어.

I watched

③ 나는 공포 영화를 봤어.

1. 나는 미스터리 영화를 보았어.

→ _____ _____ a mystery movie.

2. 나는 불꽃 놀이 쇼를 보았다. (fireworks show 불꽃놀이 쇼)

→ I watched the _____ _____.

3. 나는 축구 경기를 보았다. (soccer 축구)

→ _____ _____ the _____ game.

4. 우리는 해돋이를 보았다. (sunrise 해돋이)

→ We _____ the _____.

5. 우리는 유명한 TV 프로그램을 보았다. (famous 유명한, program 프로그램)

→ _____ _____ a _____ _____ _____.

나만의 한 줄 일기 🔹 최근에 인상 깊게 본 것에 대해 한 줄 일기를 써 보세요.

★참고 표현 · **sunset** 일몰 · **Olympic game** 올림픽 경기 · **race** 경기, 시합 · **music video** 뮤직 비디오

93

Date : _____

Weather :

 오늘의 질문 지난 주말에 무엇을 했나요?

 한 줄로 답해봐! **I went jogging last weekend.**

나는 지난 주말에 조깅하러 갔었어요.

과거의 경험 말하기 (2) went는 '가다'라는 뜻의 동사 go의 과거형입니다. 친구에게 지난 주말에 무엇을 하러 갔었는지 말하려면 I went 뒤에 동사 + -ing 를 붙여서 '나는 …하러 갔었다.'라고 표현해요.

패턴 문장 써 보기

swimming

hiking

fishing

① 나는 지난 주말에 수영하러 갔었다.

I went swimming last weekend.

② 나는 지난 주말에 하이킹 하러 갔었다.

I went _____ last weekend.

③ 나는 지난 주말에 낚시하러 갔었다.

_____

한 줄 쓰기 연습 우리말에 맞도록 빈칸에 알맞은 단어를 써 보세요.

1. 나는 지난 주말에 스키 타러 갔었다.

→ _____ _____ skiing last weekend.

2. 그는 지난 달에 여행하러 갔었다. **(traveling** 여행, **month** 달, 월)

→ He went _____ _____ _____.

3. 우리는 어제 스케이트를 타러 갔었다. **(skating** 스케이트 타기)

→ We _____ _____ _____.

4. 우리는 작년에 등산하러 갔었다. **(climbing** 등산)

→ _____ _____ _____ _____ year.

5. 우리 가족은 작년에 캠핑 하러 갔었다. **(camping** 캠핑)

→ My _____ _____ _____ _____.

나만의 한 줄 일기 지난 주에 했던 일에 대해 한 줄 일기를 써 보세요.

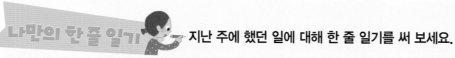

★참고 표현 **bowling** 볼링   **surfing** 서핑   **sky diving** 스카이 다이빙   **summer vacation** 여름 방학

오늘의 질문　혼자 있을 때 즐겨하는 일은 무엇인가요?

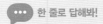 한 줄로 답해봐!　**I like to play with blocks.**

나는 블록 놀이를 좋아해요.

좋아하는 일 표현하기　'맘에 들어 하다, 좋아하다'를 의미하는 대표적인 단어가 바로 like입니다. 자신이 좋아하는 활동을 말할 때「I like to + 동사원형」을 활용해 '나는 …하기를 좋아해.' 하고 표현할 수 있어요.

패턴 문장 써 보기

take a walk

feed my fish

take pictures

① 나는 산책하는 것을 좋아해.

I like to take a walk.

② 나는 물고기에게 먹이 주는 것을 좋아해.

I like to

③ 나는 사진 찍는 것을 좋아해.

1. 나는 비를 맞으며 걷는 것을 좋아해.

➡ _____ _____ _____ walk in the rain.

2. 나는 집에서 쉬는 것을 좋아해. (**rest** 쉬다, **at home** 집에서)

➡ I like to _____ _____ _____.

3. 나는 강아지를 목욕시키는 것을 좋아해. (**wash** 씻기다)

➡ _____ _____ _____ _____ my dog.

4. 나는 일기 쓰는 것을 좋아해. (**keep a diary** 일기 쓰다)

➡ _____ _____ _____ _____ a diary.

5. 우리는 악기 연주하는 것을 좋아한다. (**play** 연주하다, **instrument** 악기)

➡ We _____ _____ _____ _____ s.

 혼자 시간을 보내는 방법에 대해 한 줄 일기를 써 보세요.

★참고 표현   **read a book** 책을 읽다   **paint a picture** 그림을 그리다   **bake a cookie** 쿠키를 굽다
play basketball 농구를 하다

📢 오늘의 질문 요즘 특별히 관심있는 것이 있나요?

💬 한 줄로 답해봐! **I'm interested in world maps.**

나는 세계 지도에 관심이 있어요.

관심 표현하기 내가 좋아하고, 흥미를 느끼는 것에 대해 「I'm/I am interested in + (동)명사」를 활용해 표현해요. '나는 …에 관심이 있어.'라고 해석할 수 있습니다.

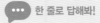

dinosaurs

cars

tennis

① 나는 공룡에 관심이 있다.

I'm interested in dinosaurs.

② 나는 자동차에 관심이 있다.

I'm interested in

③ 나는 테니스에 관심이 있다.

1. 나는 역사에 관심이 있다.

→ _____ _____ _____ history.

2. 나는 과학 실험에 관심이 있다. (science experiment 과학 실험)

→ I'm interested in _____ _____s.

3. 그는 고전 음악에 관심이 있다. (classical music 고전 음악)

→ He _____ _____ _____ _____ music.

＊주어가 He이기 때문에 be동사는 is로 고쳐줘요.

4. 나는 야구 경기를 보는 것에 관심이 있다. (watch 보다)

→ _____ _____ _____ _____ baseball games.

5. 그녀는 베이킹에 관심이 있다. (baking 베이킹)

→ She _____ _____ _____ _____ .

나만의 한 줄 일기 — 새롭게 관심이 생긴 분야에 대해 한 줄 일기를 써 보세요.

★참고 표현 musical 뮤지컬 foreign language 외국어 badminton 배드민턴 knitting 뜨개질

Date :　　　　　　　　Weather :

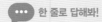 오늘의 질문　**취미는 무엇인가요?**

💬 한 줄로 답해봐!　## My hobby is listening to music.

내 취미는 음악 듣는 것이에요.

취미 표현하기 친구들과 처음 만나 서로 알아갈 때 취미가 무엇인지 묻고 답할 때가 많지요? 영어로 취미를 뜻하는 단어는 hobby입니다. '내 취미는 …하는 것이다.'라고 말하려면 My hobby is 뒤에 명사나 동명사를 붙여 표현해요.

패턴 문장 써 보기

drawing pictures

singing songs

playing board games

① 내 취미는 그림 그리기야.

My hobby is drawing pictures.

② 내 취미는 노래 부르는 거야.

My hobby is

③ 내 취미는 보드게임 하는 거야.

한 줄 쓰기 연습 우리말에 맞도록 빈칸에 알맞은 단어를 써 보세요.

1. 내 취미는 반려 동물과 노는 거야.

   → _____ _____ _____ playing with pets.

2. 내 취미는 스티커 모으기야. (collect 수집하다, sticker 스티커)

   → My hobby is _____ _____s.

3. 내 취미는 블록 놀이야. (play with blocks 블록을 가지고 놀다)

   → _____ _____ _____ _____ with blocks.

4. 그녀의 취미는 사진 찍기야. (take a picture 사진 찍다)

   → _____ hobby _____ _____ pictures.

   *'나의' 대신에 '그녀의', '그의'를 나타내려면 각각 she와 he의 소유격인 her, his를 써요.

5. 그의 취미는 퍼즐 푸는 거야. (solve a puzzle 퍼즐을 풀다)

   → _____ _____ _____ _____ _____s.

나만의 한 줄 일기 즐겨하는 취미 활동에 대해 한 줄 일기를 써 보세요.

★참고 표현 **yoga** 요가 **dance** 춤추다 **gardening** 정원 가꾸기 **play an online game** 온라인 게임을 하다

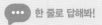 오늘의 질문 **어디를 여행하고 싶나요?**

💬 한 줄로 답해봐! # I would like to visit Italy.

나는 이탈리아를 방문하고 싶어요.

바람 표현하기 꼭 한 번 가보고 싶은 여행지가 마음속에 한 군데쯤 있지요? 그곳에 가보고 싶다고 영어로 표현할 때는 I would like to(…하고 싶다)에 동사 visit(방문하다)을 붙여서 「I would like to visit + 방문하고 싶은 곳」으로 나타 냅니다.

패턴 문장 써 보기

Busan

Jeju-do

Paris

① 나는 부산을 방문하고 싶다.

I would like to visit Busan.

② 나는 제주도를 방문하고 싶다.

I would like to visit

③ 나는 파리를 방문하고 싶다.

1. 나는 대구에 가 보고 싶어.

→ _____ _____ _____ _____ _____ Daegu.

2. 나는 프랑스를 방문해 보고 싶어. **(France 프랑스)**

→ I would like to visit _____.

3. 그는 뉴욕을 방문하고 싶어 해.

→ He _____ _____ _____ _____ New York.

  *주어가 he나 she 등으로 바뀌어도 조동사 would의 형태는 바뀌지 않아요.

4. 그녀는 멕시코에 가 보고 싶어 해.

→ _____ _____ _____ _____ _____ Mexico.

5. 우리는 독일을 방문하고 싶어 한다. **(Germany 독일)**

→ _____ _____ _____ _____ _____ _____ _____.

 나만의 한 줄 일기 방문하고 싶은 여행지에 대해 한 줄 일기를 써 보세요.

★참고 표현 · **Gangwon-do** 강원도 **London** 런던 **Africa** 아프리카 **jungle** 밀림 **ocean** 바다

📢 오늘의 질문　즐겨 연주하는 악기가 있나요?

💬 한 줄로 답해봐!　**I play the piano.**

나는 피아노를 연주합니다.

정보 전달하기(악기) 동사 play는 악기, 운동, 게임 등을 뜻하는 명사와 어울려 다양한 뜻을 가집니다. 그 중에서도, '나는 …을 연주한다.'의 의미를 나타내려면 「I play the + 악기」의 형태로 표현해요.

violin

flute

guitar

① 나는 바이올린을 연주한다.

I play the violin.

② 나는 플루트를 연주한다.

I play the

③ 나는 기타를 친다.

한 줄 쓰기 연습 우리말에 맞도록 빈칸에 알맞은 단어를 써 보세요.

1. 나는 첼로를 연주해.

→ _____ _____ _____ cello.

2. 나는 드럼을 쳐. (drum 드럼)

→ I play the _____s.

3. 그는 트럼펫을 연주해. (trumpet 트럼펫)

→ He _____ _____ _____.

＊3인칭 주어일 경우에는 동사의 형태를 plays로 고쳐줘요.

4. 우리 팀은 키보드를 쳐. (keyboard 키보드)

→ Our team _____ _____ _____s.

＊team은 복수 명사 같지만, 단수 명사로 쓰여요.

5. 우리는 클라리넷을 연주해. (clarinet 클라리넷)

→ _____ _____ _____ _____s.

나만의 한 줄 일기 연주할 수 있는 악기에 대해 한 줄 일기를 써 보세요.

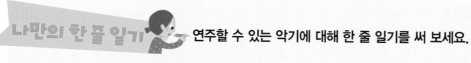

★참고 표현 **harp** 하프　**xylophone** 실로폰　**tambourine** 탬버린　**recorder** 리코더

오늘의 질문　**이번 주말에는 무엇을 할 건가요?**

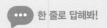 한 줄로 답해봐!　**I will see my friends.**

나는 친구들을 만날 거예요.

미래 표현하기 주말 계획 세우기는 늘 신나는 일이죠? 미래의 일을 말할 때는 '…할 것이다'라는 뜻의 조동사 will을 써서 말할 수 있어요. I will 또는 I'll 뒤에 동사원형을 붙여서 계획을 나타냅니다.

패턴 문장 써 보기

buy a present

invite my friends

go on a picnic

① 나는 선물을 살 거야.

I will buy a present.

② 나는 친구를 초대할 거야.

I will

③ 나는 소풍을 갈 거야.

한 줄 쓰기 연습

우리말에 맞도록 빈칸에 알맞은 단어를 써 보세요.

1. 나는 꽃을 심을 거야.

→ _____ _____ plant flowers.

2. 나는 동물원에 갈 거야. (zoo 동물원)

→ I will _____ to the _____.

3. 나는 가족들과 함께 저녁 식사를 요리할 거야. (cook 요리하다)

→ _____ _____ _____ dinner with my family.

4. 우리는 수학을 공부할 거야. (study 공부하다, math 수학)

→ We _____ _____ _____.

5. 우리는 말 타러 갈 것이다. (horseback riding 승마)

→ _____ _____ go _____ _____.

나만의 한 줄 일기

연말 계획에 대해 한 줄 일기를 써 보세요.

★참고 표현   **sunrise** 해돋이   **buy new clothes** 새 옷을 사다   **amusement park** 놀이공원
exhibition 박람회   **group photo** 단체 사진

📢 오늘의 질문   낯선 곳에 여행을 가면 무엇을 해보고 싶나요?

💬 한 줄로 답해봐! **I want to write a postcard.**

나는 엽서를 쓰고 싶어요.

원하는 것 표현하기 여행을 떠나면 하고 싶은 일이 참 많죠? 내가 하고 싶은 일을 표현할 때는 I want to 뒤에 하고 싶은 일을 넣어서 말하면 됩니다. to 다음에는 반드시 동사 원형을 써야 해요.

패턴 문장 써 보기

make new friends

learn different cultures

try local foods

① 나는 새로운 친구들을 사귀고 싶어.

I want to make new friends.

② 나는 다른 문화를 배우고 싶어.

I want to

③ 나는 현지 음식을 먹어 보고 싶어.

_____

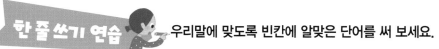

한 줄 쓰기 연습 우리말에 맞도록 빈칸에 알맞은 단어를 써 보세요.

1. 나는 유명한 쇼를 관람하고 싶다.

→ _____ _____ _____ watch famous shows.

2. 나는 박물관을 방문하고 싶다. (visit 방문하다, museum 박물관)

→ I want to _____ _____ _____.

3. 나는 배를 타고 싶다. (ride a boat 배를 타다)

→ _____ _____ _____ _____ a boat.

4. 그는 현지 시장을 방문하고 싶어 한다. (local 현지의)

→ He _____ _____ _____ the _____ markets.

＊주어가 he이므로 want 뒤에 s를 붙여야 해요.

5. 우리는 국립 공원을 방문하고 싶다. (national park 국립 공원)

→ We _____ _____ ____ the _____ _____.

 나만의 한 줄 일기 여행지에서 해보고 싶은 일에 대해 한 줄 일기를 써 보세요.

★참고 표현 wear traditional clothes 전통 의상을 입다 visit a palace 궁을 방문하다
take a picture 사진 찍다 buy a souvenir 기념품을 사다

A 우리말에 맞도록 표현을 연결해 문장을 완성해 보세요.

1 나는 일주일에 한 번 운동해요. •   • I like to •   • once a week.

2 나는 코미디 영화를 보았어요. •   • I am interested in •   • write a postcard.

3 나는 블록 놀이를 좋아해요. •   • I exercise •   • play with blocks.

4 나는 세계 지도에 관심이 있어요. •   • I would like to visit •   • piano.

5 나는 이탈리아를 방문하고 싶어요. •   • I play the •   • a comedy movie

6 나는 피아노를 연주합니다. •   • I want to •   • Italy.

7 나는 엽서를 쓰고 싶어요. •   • I watched •   • world maps.

B 우리말을 읽고 답변을 영어로 써 보세요. 잘 기억나지 않으면 해당 쪽수로 돌아가 복습하세요.

1 질문 　지난 주말에 무엇을 했나요?

답변 　나는 지난 주말에 스키 타러 갔었어요. 95쪽

_____

skiing

2 질문 　혼자 있을 때 즐겨하는 일은 무엇인가요?

답변 　나는 비 속에서 걷는 것을 좋아해요. 97쪽

_____

walk in the rain

3 질문 　취미는 무엇인가요?

답변 　내 취미는 반려 동물과 노는 거예요. 101쪽

_____

play with pets

4 질문 　이번 주말에는 무엇을 할 건가요?

답변 　나는 꽃을 심을 거예요. 107쪽

_____

plant flowers

5 질문 　낯선 곳에 여행을 가면 무엇을 해보고 싶나요?

답변 　나는 배를 타고 싶어요. 109쪽

_____

ride a boat

그동안 배운 표현으로 짧은 일기를 완성할 수 있어요.
잘 읽고 원어민의 음성을 들으면서 다시 한번 익혀보세요.

Animal Love

I will go to the zoo this weekend.
I like to feed animals. My hobby is
taking pictures. I will take many
pictures at the zoo. Animals are
our friends. We should protect them.

해석 동물 사랑

이번 주말에 나는 동물원에 갈 거야. 나는 동물에게 먹이 주는 것을 좋아해. 내 취미는 사진 찍기야.
나는 동물원에서 사진을 많이 찍을 거야. 동물은 우리의 친구야. 우리는 동물을 보호해야 해.

Music Is My Life!

I love music. I play the violin.
I practice the violin once a day.
I am interested in classical music.
I would like to visit Germany.
I want to see famous violin concerts.

해석 음악은 나의 인생!

나는 음악을 사랑해. 나는 바이올린을 연주하지. 나는 하루에 한번 바이올린을 연습해. 나는 고전
음악에 관심이 있어. 나는 독일을 방문하고 싶어. 유명한 바이올린 연주회를 보고 싶거든.

PART 5

Interests & Special Days
관심사와 특별한 날

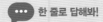 오늘의 질문 **이번 방학 계획은 무엇인가요?**

💬 한 줄로 답해봐! **I'm going to read many books.**

나는 책을 많이 읽을 거예요.

의도 표현하기 가까운 미래에 계획된 일을 나타낼 때는 영어로 뭐라고 말해야 할까요? 「I am/I'm going to + 동사원형」 표현을 이용하여 '나는 …할 것이다.'를 표현할 수 있어요.

패턴 문장 써 보기

exercise every day

study Chinese

travel by train

① 나는 매일 운동할 거야.

I'm going to exercise every day.

② 나는 중국어 공부를 할 거야.

I'm going to

③ 나는 기차 여행을 할 거야.

1. 나는 집에 있을 거야.

➡ _____ _____ _____ stay home.

2. 나는 우리 할머니를 뵈러 갈 예정이야. (visit 방문하다, grandma 할머니)

➡ I'm going to _____ _____ _____.

3. 나는 발레를 배울 거야. (learn 배우다)

➡ _____ _____ _____ ballet.

4. 우리는 수족관을 방문할 것이다. (aquarium 수족관)

➡ We _____ _____ _____ an _____.

＊주어가 we이므로 be동사 am 대신에 are로 고쳐줘야 해요.

5. 나는 자전거를 살 것이다. (buy 사다, bicycle 자전거)

➡ _____ _____ _____ _____.

 이번 방학 계획에 대해 한 줄 일기를 써 보세요.

★참고 표현   make 만들다   create 창조하다   go on a tour 관광을 하다   famous 유명한
ancient palace 고궁   museum 박물관   snowman 눈사람

오늘의 질문　감사하다고 느끼는 점은 무엇인가요?

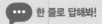 한 줄로 답해봐!　**I am thankful for my good health.**

나는 건강한 몸에 감사해요.

감사 표현하기　동사 thank는 '감사하다'라는 뜻이에요. 어떤 점에 대해 감사함을 명확하게 표현하고자 할 때 「I am/I'm thankful for + 감사하는 이유」로 나타낼 수 있어요.

패턴 문장 써 보기

my family

my friends

nature

① 나는 우리 가족에게 감사해.

I am thankful for my family.

② 나는 내 친구들에게 고마워.

I am thankful for

③ 나는 자연에게 감사해.

1. 나는 깨끗한 공기에 감사해.

→ _____ _____ _____ _____ clean air.

2. 나는 휴일이 많아서 감사해. (many 많은, holiday 휴일)

→ I am thankful for _____ _____.

3. 나는 학교생활에 감사해. (school life 학교생활)

→ _____ _____ _____ _____ my _____ _____.

4. 우리는 좋은 날씨에 감사해. (weather 날씨)

→ We are _____ _____ the _____ _____.

5. 우리는 우리 선생님께 감사드려. (teacher 선생님)

→ _____ _____ _____ _____ our _____.

나만의 한 줄 일기 — 무엇을 감사하게 생각하는지 한 줄 일기로 써 보세요.

★참고 표현　**daily life** 일상　**small blessing** 작은 축복　**country** 나라　**comfortable** 편안한　**advice** 조언　**hospital** 병원

117

Date : _____

Weather : ☀ ☁ ⛅ 🌧 🌧

📢 오늘의 질문　환경보호를 위해서 우리는 무엇을 해야 할까요?

💬 한 줄로 답해봐!　# We should save paper.
우리는 종이를 아껴야 해요.

의무 표현하기　should는 '…해야 한다'라는 뜻의 조동사입니다. We should 뒤에 동사원형을 써서 '우리는 …을 해야 한다.'라고 표현할 수 있어요. '하지 말 아야 한다'는 should 뒤에 not을 붙여서 표현해요.

 패턴 문장 써 보기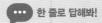

save water

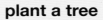 **plant a tree**

save energy

① 우리는 물을 절약해야 한다.

We should save water.

② 우리는 나무를 심어야 한다.

We should

③ 우리는 에너지를 아껴야 한다.

한 줄 쓰기 연습 우리말에 맞도록 빈칸에 알맞은 단어를 써 보세요.

1. 우리는 유리병을 재활용해야 한다.

   ➜ _____ _____ recycle glass bottles.

2. 우리는 종이 빨대를 사용해야 한다. (use 사용하다, paper straw 종이 빨대)

   ➜ We should _____ _____ _____s.

3. 우리는 학교에 걸어서 가야 한다. (walk 걷다)

   ➜ _____ _____ _____ to school.

4. 우리는 비닐봉지를 사용하면 안된다. (use 사용하다)

   ➜ _____ _____ _____ _____ plastic bags.

5. 우리는 냅킨을 낭비하면 안된다. (waste 낭비하다, napkin 냅킨)

   ➜ _____ _____ _____ _____ _____s.

 **나만의 한 줄 일기** 환경을 위해 내가 해야 할 일을 한 줄 일기로 써 보세요.

★참고 표현 public transportation 대중 교통   pick up trash 쓰레기를 줍다   plastic cup 플라스틱 컵

119

Date :

Weather :

 오늘의 질문 **당신을 가장 행복하게 해주는 것은 무엇인가요?**

한 줄로 답해봐! **Music makes me happy.**

음악이 나를 행복하게 해요.

감정의 원인 표현하기 '~이 내 기분을 …하게 만든다.'라고 말할 때는 「주어+make(s) me+감정 형용사」 형태로 쓸 수 있어요. 이때, 주어의 개수에 따라 동사 make의 형태가 달라지니 유의하세요.

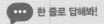 패턴 문장 써 보기

chocolate

sunshine

my little sister

① 초콜렛은 나를 행복하게 해 준다.

Chocolate makes me happy.

② 햇살은 나를 행복하게 해 준다.

makes me happy.

③ 내 여동생은 나를 행복하게 해 준다.

120

한 줄 쓰기 연습 우리말에 맞도록 빈칸에 알맞은 단어를 써 보세요.

1. 맛있는 음식은 나를 행복하게 한다.

→ Delicious food _____ _____ _____.

2. 친구들은 나를 행복하게 해 준다. **(friend** 친구**)**

→ _____s make me happy.

　　*주어가 복수일 때 동사는 make로 고쳐 써요.

3. 시끄러운 소음은 나를 화나게 한다. **(noise** 소음**, angry** 화난**)**

→ Loud _____ _____ _____ _____.

4. 시험은 나를 불안하게 한다. **(test** 시험**, nervous** 불안한**)**

→ Tests _____ _____ _____.

5. 비는 나를 슬프게 한다. **(rain** 비**, sad** 슬픈**)**

→ _____ _____ _____ _____.

나만의 한 줄 일기 나를 기쁘게 하는 일에 대해 한 줄 일기를 써 보세요.

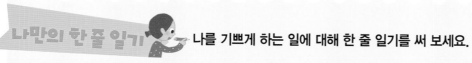

★참고 표현　**pet** 반려 동물　**compliment** 칭찬　**game** 게임　**fun** 재미있는　**sport** 운동　**song** 노래
　　　　　　break 쉬는 시간　**goal** 목표　**foreign country** 외국

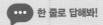 오늘의 질문   지금 가장 기대되는 일은 무엇인가요?

💬 한 줄로 답해봐!   **I am looking forward to Christmas.**

나는 크리스마스가 정말 기대돼요.

기대 표현하기   '나는 …가 정말 기대된다.'라는 뜻을 나타낼 때는 I am/I'm looking forward to 다음에 명사나 동명사를 써서 어떤 일을 앞둔 기대감이나 간절한 소망을 나타낼 수 있답니다.

 패턴 문장 써 보기

Children's Day

New Year's Day

my birthday

① 나는 어린이날이 정말 기다려져.

I am looking forward to Children's Day.

② 나는 새해 첫날이 정말 기다려져.

I am looking forward to

③ 나는 내 생일이 정말 기대돼.

한 줄 쓰기 연습 우리말에 맞도록 빈칸에 알맞은 단어를 써 보세요.

1. 나는 발렌타인 데이가 기대돼.

→ _____ _____ _____ _____ _____ Valentine's Day.

2. 나는 겨울방학을 기대한다. (winter vacation 겨울방학)

→ I am looking forward to _____ _____.

Winter Vacation!

3. 나는 축제가 기다려져. (festival 축제)

→ _____ _____ _____ _____ the _____.

4. 우리는 너의 소식을 듣기를 기다려. (hear 듣다)

→ We _____ _____ _____ _____ _____ from you.

* '~하는 것'을 표현할 때는 동사원형에 -ing를 붙여서 나타내요.

5. 나는 너를 만나기를 기대하고 있어. (meet 만나다)

→ _____ _____ _____ _____ _____ _____ you.

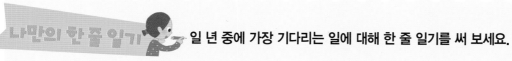

나만의 한 줄 일기 일 년 중에 가장 기다리는 일에 대해 한 줄 일기를 써 보세요.

★참고 표현 **concert** 콘서트 **author** 작가 **volunteer** 자원봉사하다 **present** 선물 **spend** (시간을) 보내다

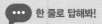 오늘의 질문 　커서 어떤 직업을 가지고 싶나요?

💬 한 줄로 답해봐! 　**I want to be a photographer.**

나는 사진 작가가 되고 싶어요.

장래 희망 표현하기 　장래희망은 무엇인가요? '내 장래희망은 …이 되는 것
이다.'는 「I want to be a(n) + 직업」으로 표현합니다.

패턴 문장 써 보기

singer

firefighter

pilot

① 나는 가수가 되고 싶다.

I want to be a singer.

② 나는 소방관이 되고 싶다.

I want to be a

③ 나는 파일럿이 되고 싶다.

124

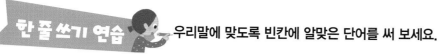

1. 나는 만화가가 되고 싶다.

→ _____ _____ _____ _____ _____ cartoonist.

2. 나는 축구 선수가 되고 싶다. (soccer player 축구 선수)

→ I want to be a _____ _____.

3. 나는 엔지니어가 되고 싶다. (engineer 엔지니어)

→ _____ _____ _____ _____ an _____.

*engineer는 단모음 e로 시작하므로 관사 an을 붙여줘요.

4. 그녀는 디자이너가 되고 싶어 해. (designer 디자이너)

→ She _____ _____ _____ _____ _____.

*주어가 She이므로 동사의 형태는 wants로 바뀌어요.

5. 나는 배우가 되고 싶다. (actor 배우)

→ _____ _____ _____ _____ _____ _____.

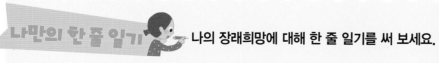 나의 장래희망에 대해 한 줄 일기를 써 보세요.

★참고 표현 · **doctor** 의사 · **writer** 작가 · **lawyer** 변호사 · **explorer** 탐험가 · **interpreter** 통역사

Date : _____

Weather : ☀ ☁ ⛅ 🌧 🌦

 오늘의 질문 **내가 잘하는 일은 무엇인가요?**

💬 한 줄로 답해봐! **I am good at drawing.**

나는 그림 그리는 것을 잘해요.

잘하는 일 표현하기 형용사 good는 '좋은'이라는 의미 말고도 '…을 잘하는'이라는 의미도 가지고 있어요. '나는 …을 잘한다.'는 「I am good at + (동)명사」를 써서 표현해요.

패턴 문장 써 보기

writing stories

singing

running

① 나는 이야기를 잘 써.

I am good at writing stories.

② 나는 노래를 잘 불러.

I am good at

③ 나는 달리기를 잘해.

_____

한 줄 쓰기 연습 우리말에 맞도록 빈칸에 알맞은 단어를 써 보세요.

1. 나는 운동을 잘해.

→ _____ _____ _____ _____ sports.

2. 나는 영어 말하기를 잘해. (speak 말하다)

→ I am good at _____ _____.

*'말하는 것'을 나타내려면 speak 뒤에 -ing을 붙여줘요.

3. 나는 수학을 잘해. (math 수학)

→ _____ _____ _____ _____ _____.

4. 엄마는 피아노 연주를 잘하셔. (play 연주하다)

→ Mom _____ _____ _____ _____ the piano.

*주어가 Mom이므로 be동사는 is로 고쳐요.

5. 나는 남동생을 잘 돌봐 줘. (care for 돌보다)

→ _____ _____ _____ _____ _____ my brother.

나만의 한 줄 일기 내가 잘하는 일에 대해 한 줄 일기를 써 보세요.

★참고 표현 **presentation** 발표   **art** 미술   **fishing** 낚시   **martial art** 무술   **dance** 춤
instrument 악기   **golf** 골프   **tidy up** 정리하다

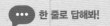 오늘의 질문　요술 램프가 있다면 어떤 소원을 빌고 싶나요?

💬 한 줄로 답해봐!　**I wish I could fly.**

날 수 있다면 좋겠어요.

소망 표현하기　누구나 마음 속에 소원을 간직하고 살지요. 「I wish I could + 동사원형」은 '내가 …할 수 있다면 좋을 텐데'라는 의미가 돼요. 주로, 현재 사실에 반대되는 일에 대한 소망을 나타냅니다.

패턴 문장 써 보기

**run fast
like a cheetah**

go to the moon

**travel around
the world**

① 치타처럼 빨리 뛸 수 있다면 좋을 텐데.

I wish I could run fast like a cheetah.

② 달나라에 갈 수 있다면 좋을 텐데.

I wish I could

③ 세계 일주 여행을 할 수 있다면 좋을 텐데.

한 줄 쓰기 연습 우리말에 맞도록 빈칸에 알맞은 단어를 써 보세요.

1. 내가 운전을 할 수 있다면 좋을 텐데.

➡ _____ _____ _____ _____ drive a car.

2. 텐트에서 살 수 있다면 좋을 텐데. (live 살다, tent 텐트)

➡ I wish I could _____ in a _____.

3. 공룡을 만날 수 있다면 좋을 텐데. (meet 만나다)

➡ _____ _____ _____ _____ dinosaurs.

4. 돌고래와 함께 수영할 수 있다면 좋을 텐데. (swim 수영하다, dolphin 돌고래)

➡ _____ _____ _____ _____ _____ with ____s.

5. 하루 종일 TV를 볼 수 있다면 좋을 텐데. (watch 보다)

➡ _____ _____ _____ _____ _____ all day.

나만의 한 줄 일기 요술 램프에 빌고 싶은 소원을 한 줄 일기로 써 보세요.

★참고 표현 space 우주   invent 발명하다   time machine 타임 머신   amusement park 놀이공원

오늘의 질문   지금 걱정되는 일은 무엇인가요?

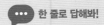 한 줄로 답해봐!   **I'm worried about the math test.**

나는 수학 시험이 걱정돼요.

걱정 표현하기 친구들, 혹시 무슨 걱정이 있나요? 걱정거리가 있을 때 「I'm/ I am worried about + 걱정거리」 순으로 써서 '나는 …가 걱정이다.'라고 표현할 수 있어요.

패턴 문장 써 보기

my grades

the presentation

the cold weather

① 나는 내 성적이 걱정돼.

I'm worried about my grades.

② 나는 발표가 걱정돼.

I'm worried about

③ 나는 추운 날씨가 걱정이야.

한 줄 쓰기 연습 우리말에 맞도록 빈칸에 알맞은 단어를 써 보세요.

1. 나는 내 친한 친구가 걱정돼.

→ _____ _____ _____ my best friend.

2. 나는 영어 시험이 걱정된다. **(test** 시험**)**

→ I'm worried about the _____ _____.

3. 나는 발레 수업이 걱정돼. **(lesson** 수업**)**

→ _____ _____ _____ my ballet _____.

4. 우리는 우리 강아지의 건강이 걱정돼. **(health** 건강**)**

→ We _____ _____ _____ our dog's _____.
＊주어가 We 이므로 be 동사의 형태는 are로 바뀌어야 해요.

5. 나는 공기 오염이 걱정돼. **(air pollution** 공기 오염**)**

→ _____ _____ _____ _____ _____.

나만의 한 줄 일기 요즘 걱정되는 일에 대해 한 줄 일기를 써 보세요.

★참고 표현 **future** 미래 **weight** 몸무게 **safety** 안전 **storm** 폭풍 **flu** 독감 **problem** 문제
news 소식

📢 오늘의 질문 명절에는 무엇을 할 계획인가요?

💬 한 줄로 답해봐! **I'm planning to visit my grandparents.**

나는 우리 할머니, 할아버지를 뵐 계획이에요.

계획 표현하기 '나는 …할 계획이다.'라는 표현은 「I am/I'm planning to + 동사원형」의 형태로 쓸 수 있습니다. 비슷한 표현으로는 I'm going to, I will 등이 있어요.

 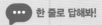 패턴 문장 써 보기

travel with my family

meet my cousins

fly a kite

① 나는 가족과 함께 여행을 떠날 계획이야.

I am planning to travel with my family.

② 나는 사촌들을 만날 계획이야.

I am planning to

③ 나는 연을 날릴 계획이야.

한 줄 쓰기 연습 우리말에 맞도록 빈칸에 알맞은 단어를 써 보세요.

1. 나는 떡을 만들 계획이다.

   → ＿＿＿＿＿ ＿＿＿＿ ＿＿＿＿ make rice cakes.

2. 나는 등산을 할 계획이다. (climb up the mountain 등산하다)

   → I'm planning to ＿＿＿＿＿ up the ＿＿＿＿＿.

3. 나는 머리카락을 자를 것이다. (cut hair 머리카락을 자르다)

   → ＿＿＿＿＿ ＿＿＿＿ ＿＿＿＿ ＿＿＿＿ my hair.

4. 우리는 집안 대청소를 할 계획이다. (clean up 청소하다)

   → We're ＿＿＿＿ ＿＿＿＿ ＿＿＿＿ ＿＿＿＿ the house.

   *We are의 축약형은 We're로 표현해요.

5. 우리는 전통 의상을 입을 계획이다. (wear 입다, traditional 전통의)

   → ＿＿＿＿ ＿＿＿＿ ＿＿＿＿ ＿＿＿＿ clothes.

나만의 한 줄 일기 다가올 명절 계획을 한 줄 일기로 써 보세요.

★참고 표현   decorate 꾸미다, 장식하다   gather together 다 함께 모이다   celebrate 기념하다   mask 탈, 가면

Review Day 41~Day 50

A 우리말에 맞도록 표현을 연결해 문장을 완성해 보세요.

1 나는 책을 많이 읽을 거예요.

I am looking forward to

drawing.

2 우리는 종이를 아껴야 해요.

I'm worried about

photographer.

3 나는 크리스마스가 정말 기대돼요.

We should

Christmas.

4 나는 사진작가가 되고 싶어요.

I am good at

save paper.

5 나는 그림 그리는 것을 잘해요.

I wish I could

the math test.

6 날 수 있다면 좋겠어요.

I'm going to

fly.

7 나는 수학 시험이 걱정돼요.

I want to be a

read many books.

B 우리말을 읽고 답변을 영어로 써 보세요. 잘 기억나지 않으면 해당 쪽수로 돌아가 복습하세요.

1 질문　감사하다고 느끼는 점은 무엇인가요?
　　　답변　나는 깨끗한 공기에 감사해요. 117쪽

clean air

2 질문　당신을 가장 화나게 하는 것은 무엇인가요?
　　　답변　시끄러운 소음은 나를 화나게 해요. 121쪽

loud noise

3 질문　요술 램프가 있다면 어떤 소원을 빌고 싶나요?
　　　답변　내가 운전을 할 수 있다면 좋겠어요. 129쪽

drive a car

4 질문　지금 걱정되는 일은 무엇인가요?
　　　답변　나는 영어 시험이 걱정돼요. 131쪽

English test

5 질문　명절에는 무엇을 할 계획인가요?
　　　답변　나는 떡을 만들 계획이에요. 133쪽

make rice cakes

그동안 배운 표현으로 짧은 일기를 완성할 수 있어요.
잘 읽고 원어민의 음성을 들으면서 다시 한번 익혀보세요.

Let's Save the Earth

I am thankful for nature. Nature makes us
happy. I'm worried about the earth.
We have to protect our nature.
We should not use plastic. We should
use paper cups. Let's save the earth.

해석 지구를 지키자

나는 자연에게 감사해. 자연은 우리를 행복하게 해 주니까. 나는 지구가 걱정돼. 우리는 자연을 보호해야 해. 플라스틱은 사용하면 안 돼. 우리는 종이 컵을 써야 해. 지구를 지키자.

My Dream

I have many dreams. When I grow up,
I want to be a writer. I am good at
writing fun stories. I'm going to meet
my favorite writer this weekend.
I hope my dream comes true.

해석 나의 꿈

나는 꿈이 많아. 나는 커서 작가가 되고 싶어. 나는 재미있는 이야기 쓰는 것을 잘해. 나는 이번 주말에 내가 가장 좋아하는 작가를 만날 거야. 내 꿈이 이루어졌으면 좋겠어.

Answers
&
Expressions

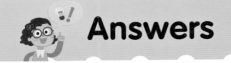

Answers

Day 01   18~19쪽

패턴 문장 써 보기

2. I like ice cream.

3. I like orange juice.

한 줄 쓰기 연습

1. **I like** *bulgogi*.

2. **I like hamburgers**.

3. She **likes potato** pizza.

4. He **likes steak**.

5. He **likes curry**.

나만의 한 줄 일기

예 I like chocolate. 나는 초콜릿을 좋아해.

I like French fries. 나는 감자튀김을 좋아해.

Day 02   20~21쪽

패턴 문장 써 보기

2. I don't like math.

3. I don't like insects.

한 줄 쓰기 연습

1. **I don't like** *gimchi*.

2. I don't like **spicy food**.

3. I **don't like baseball**.

4. She **doesn't like horror movies**.

5. He **doesn't like tests**.

나만의 한 줄 일기

예 I don't like carrots. 나는 당근을 좋아하지 않아.

I don't like a messy room.
나는 지저분한 방을 좋아하지 않아.

Day 03   22~23쪽

패턴 문장 써 보기

2. I want a dog.

3. I want an iguana.

한 줄 쓰기 연습

1. **I want** a skateboard.

2. I want **a watch**.

3. He **wants** a **sticker book**.

4. She **wants a smartphone**.

5. **She wants a birthday cake**.

나만의 한 줄 일기

예 I want a game machine. 나는 게임기를 갖고 싶어.

I want a necklace. 나는 목걸이를 갖고 싶어.

Day 04   24~25쪽

패턴 문장 써 보기

2. My favorite season is fall.

3. My favorite season is winter.

한 줄 쓰기 연습

1. **My favorite** color is blue.

2. My favorite **day is** Saturday.

3. **My favorite** K-pop **group** is BTS.

4. **My favorite holiday is** Christmas.

5. **My favorite animals are lions** and giraffes.

나만의 한 줄 일기

예 My favorite sport is soccer.
내가 가장 좋아하는 운동은 축구야.

My favorite sport is baseball.
내가 가장 좋아하는 운동은 야구야.

Day 05   26~27쪽

패턴 문장 써 보기

2. My mom is cleaning the house.

3. My mom is exercising.

한 줄 쓰기 연습

1. **My mom is** laughing.

2. My mom is **talking** on the **phone**.

3. I **am sleeping**.

4. My friend **is reading** a book.

5. <u>My</u> <u>friend</u> <u>is</u> <u>painting</u> a picture.

나만의 한 줄 일기

㉠ My dad is eating lunch.

우리 아빠는 점심 식사를 하고 계셔.

My dad is studying. 우리 아빠는 공부를 하고 계셔.

28~29쪽

패턴 문장 써 보기

2. I feel angry.

3. I feel sad.

한 줄 쓰기 연습

1. <u>I</u> <u>feel</u> surprised.

2. I feel <u>sorry</u>.

3. He <u>feels</u> <u>lonely</u>.

4. She <u>feels</u> <u>tired</u>.

5. <u>He</u> <u>feels</u> <u>bored</u>.

나만의 한 줄 일기

㉠ I feel nervous. 나는 불안해.

I feel excited. 나는 흥분돼.

30~31쪽

패턴 문장 써 보기

2. This is my aunt.

3. This is my brother.

한 줄 쓰기 연습

1. <u>This</u> <u>is</u> <u>my</u> sister.

2. This is my <u>twin</u> <u>sister</u>.

3. <u>This</u> <u>is</u> <u>my</u> <u>uncle</u>.

4. These <u>are</u> <u>my</u> <u>cousins</u>.

5. <u>These</u> <u>are</u> <u>my</u> <u>grandparents</u>.

나만의 한 줄 일기

㉠ This is my best friend, Hamin.

이쪽은 나랑 가장 친한 친구인 하민이야.

This is my close friend, Jiho.

이쪽은 나랑 가장 친한 친구인 지호야.

32~33쪽

패턴 문장 써 보기

2. I have brown hair.

3. I have a small nose.

한 줄 쓰기 연습

1. <u>I</u> <u>have</u> big ears.

2. I have <u>small</u> <u>hands</u>.

3. He <u>has</u> a big <u>mouth</u>.

4. She <u>has</u> <u>curly</u> <u>hair</u>.

5. <u>He</u> <u>has</u> <u>black</u> <u>hair</u>.

나만의 한 줄 일기

㉠ My teacher has long hair. 우리 선생님은 머리가 길어.

My teacher has wavy hair. 우리 선생님은 파마 머리야.

34~35쪽

패턴 문장 써 보기

2. I wear a T-shirt.

3. I wear a cap.

한 줄 쓰기 연습

1. <u>I</u> <u>wear</u> gloves in winter.

2. I wear <u>sunglasses</u> in <u>summer</u>.

3. <u>I</u> <u>wear</u> a T-shirt and <u>a</u> <u>hat</u>.

4. My <u>teacher</u> <u>wears</u> a <u>necklace</u>.

5. My <u>mom</u> <u>wears</u> a <u>scarf</u>.

나만의 한 줄 일기

㉠ I wear a dress. 나는 원피스를 입는다.

I wear long pants. 나는 긴 바지를 입는다.

36~37쪽

패턴 문장 써 보기

2. I had a cold.

3. I had a fever.

한 줄 쓰기 연습

Answers

1. I **had** a toothache.
2. I had **a backache**.
3. **I had an earache**.
4. My baby brother **had a sore throat**.
5. My sister **had a runny nose**.

나만의 한 줄 일기

 I had a bruise. 나는 멍이 들었어.

I had a sunburn. 나는 햇빛에 화상을 입었어.

Review Day 1~Day 10
38~39쪽

A 1. I like cheese pizza.
   2. I don't like homework.
   3. My favorite season is summer.
   4. I feel great.
   5. This is my mom.
   6. I wear long jeans.
   7. I had a headache.

B 2. I want a skateboard.
   3. My mom is talking on the phone.
   4. I have big ears.
   5. I had a toothache.

Day 11
42~43쪽

패턴 문장 써 보기

2. I usually have bread for breakfast.
3. I usually have fruit for breakfast.

한 줄 쓰기 연습

1. **I usually have** eggs for breakfast.
2. I usually have **noodles for lunch**.
3. **I always have salad** for lunch.
4. We **sometimes have meat** for dinner.
5. **We never have toast for dinner**.

나만의 한 줄 일기

 I usually have fish for dinner.
나는 저녁에 주로 생선을 먹어.

I usually have spaghetti for dinner.
나는 저녁에 주로 스파게티를 먹어.

Day 12
44~45쪽

패턴 문장 써 보기

2. I get up at eight o'clock.
3. I get up at eight thirty.

한 줄 쓰기 연습

1. I **get up at** seven o'clock.
2. I get up at **ten o'clock**.
3. **I wash my face** at eight o'clock.
4. We **go to school at** nine o'clock.
5. **We have lunch at eleven thirty**.

나만의 한 줄 일기

 I take a shower at nine o'clock.
나는 아홉시 정각에 샤워를 해.

I clean my room at six thirty.
나는 여섯시 반에 내 방을 청소해.

Day 13
46~47쪽

패턴 문장 써 보기

2. You have to eat vegetables.
3. You have to wear a seat belt.

한 줄 쓰기 연습

1. **You have to** turn off your cellphone.
2. You have to **practice** the **violin**.
3. **You have to brush** your teeth.
4. He **has to feed** his dog.
5. We **have to wait** in line.

나만의 한 줄 일기

 You have to be quiet. 너희들은 조용히 해야 해.

You have to walk here. 이곳에서는 걸어야 해.

48~49쪽

2. Would you like a piece of cake?

3. Would you like some *gimchi*?

한 줄 쓰기 연습

1. **Would you like** some ice cream?

2. Would you like **an orange**?

3. **Would you like** some **sandwiches**?

4. Would you like **a piece of cheese**?

5. Would you **like a glass of juice**?

나만의 한 줄 일기

예 Would you like some cookies? 쿠키 좀 먹어 보겠니?

　Would you like a cup of milk? 우유 한 잔 줄까?

50~51쪽

패턴 문장 써 보기

2. It's Wednesday.

3. It's Friday.

한 줄 쓰기 연습

1. **It's** Saturday.

2. It's **Sunday**.

3. It's **January**.

4. **It's February**.

5. **It's four o'clock**.

나만의 한 줄 일기

예 It's November. 지금은 11월이야.

　It's December. 지금은 12월이다.

52~53쪽

패턴 문장 써 보기

2. It's sunny.

3. It's windy.

한 줄 쓰기 연습

1. **It's** foggy.

2. It's **stormy**.

3. It's **hot**.

4. It's **cold**, **windy**.

5. It's **warm and sunny**.

나만의 한 줄 일기

예 It's wet. 오늘은 비가 와서 축축해.

　It's dry. 오늘은 날씨가 건조해.

54~55쪽

패턴 문장 써 보기

2. It's time to start class.

3. It's time to go shopping.

한 줄 쓰기 연습

1. **It's time to** brush my teeth.

2. It's time to **go to bed**.

3. It's **time to learn** English.

4. **It's time to take** the bus.

5. **It's time to get up**.

나만의 한 줄 일기

예 It's time to take a shower. 이제 샤워할 시간이다.

　It's time to wash the dishes. 이제 설거지할 시간이다.

56~57쪽

패턴 문장 써 보기

2. Don't forget to bring the key.

3. Don't forget to close the window.

한 줄 쓰기 연습

1. **Don't forget to** do your homework.

2. Don't forget to **bring snacks**.

3. Don't **forget to put sunscreen** on.

4. **Don't forget to call** me.

5. **Don't forget to buy** my **present**.

Answers

나만의 한 줄 일기

⓪ Don't forget to lock the door. 문 잠그는 것을 잊지 마라.

Don't forget to wear a seat belt.

안전벨트 매는 것을 잊지 마라.

Day 19　　　　58~59쪽

패턴 문장 써 보기

2. It's next to the desk.

3. It's in front of the desk.

한 줄 쓰기 연습

1. **It's on** the table.

2. It's **in** the **fridge**.

3. It's next to the fridge.

4. The cat **is under the chair**.

5. The dog **is between** the **chair and the box**.

나만의 한 줄 일기

⓪ My teddy bear is in the toy box.

나의 곰인형은 장난감 상자에 있다.

My favorite dress is in the closet.

내가 가장 아끼는 드레스는 옷장에 있다.

Day 20　　　　60~61쪽

패턴 문장 써 보기

2. I can fold the laundry.

3. I can make my bed.

한 줄 쓰기 연습

1. **I can** wash my dog.

2. I can **mop** the **floor**.

3. **I can wipe** the window.

4. He **can put away** his **toys**.

5. **We can throw away the trash**.

나만의 한 줄 일기

⓪ I can vacuum the floor.

나는 진공 청소기로 바닥을 청소할 수 있다.

I can water the plant. 나는 화분에 물을 줄 수 있다.

Review Day 11~Day 20　　62~63쪽

A 1. I get up at seven o'clock.

2. You have to wash your hands.

3. Would you like some bread?

4. It's time to go home.

5. Don't forget to take your umbrella.

6. It's on the desk.

7. I can wash the dishes.

B 1. I always have salad for lunch.

2. You have to brush your teeth.

3. It's Sunday.

4. It's stormy.

5. Don't forget to close the window.

Day 21　　　　66~67쪽

패턴 문장 써 보기

2. My friend is smart.

3. My friend is funny.

한 줄 쓰기 연습

1. **My friend** is honest.

2. My friend is **patient**.

3. She **is friendly**.

4. I **am shy**.

5. **She is active**.

나만의 한 줄 일기

⓪ My friend is warm. 내 친구는 따뜻해.

My friend is creative. 내 친구는 창의적이야.

Day 22　　　　68~69쪽

패턴 문장 써 보기

2. I enjoy traveling.

3. I enjoy swimming.

한 줄 쓰기 연습

1. **I enjoy** counting.

2. I enjoy **drawing** a **picture**.

3. **I enjoy blowing** balloons.

4. My brother **enjoys playing baseball**.

5. We **enjoy listening to music**.

나만의 한 줄 일기

📝 I enjoy writing. 나는 글쓰기를 즐겨.

I enjoy running. 나는 달리기를 즐겨.

70~71쪽

패턴 문장 써 보기

2. I go to school by car.

3. I go to school on foot.

한 줄 쓰기 연습

1. **I go to school by** subway.

2. I go to the beach **by train**.

3. we go to the **park on foot**.

4. **We go to** Jeju-do **by airplane**.

5. Dad **goes to work by car**.

나만의 한 줄 일기

📝 I go to my grandparents' house by plane.
나는 할아버지 할머니 댁에 비행기를 타고 가.

I go to meet my grandparents by taxi.
나는 택시를 타고 할아버지 할머니를 뵈러 가.

72~73쪽

패턴 문장 써 보기

2. I had art class today.

3. I had computer class today.

한 줄 쓰기 연습

1. **I had** gym class today.

2. I had **science class** today.

3. We **had a math test** today.

4. **We had a talent show** yesterday.

5. **We had** a music **festival yesterday**.

나만의 한 줄 일기

📝 I had taegwondo class today.
나는 오늘 태권도 수업을 들었다.

I had yoga class today. 나는 오늘 요가 수업을 들었다.

74~75쪽

패턴 문장 써 보기

2. Don't scream in class.

3. Don't fight with friends.

한 줄 쓰기 연습

1. **Don't** eat in class.

2. Don't **read comic** books.

3. Don't **use** your **cell phone**.

4. **Don't chew gum**.

5. **Don't draw** on **your desk**.

나만의 한 줄 일기

📝 Don't cut in line. 새치기하지 말아라.

Don't talk in a loud voice. 큰 소리로 말하지 말아라.

76~77쪽

패턴 문장 써 보기

2. I helped my friend lift a box.

3. I helped my friend practice soccer.

한 줄 쓰기 연습

1. **I helped** her clean the classroom.

2. I helped **her fix** the computer.

3. I **helped** him **cross** the street.

4. We **helped him move** chairs.

5. **We helped him buy a ticket**.

나만의 한 줄 일기

📝 I helped my teacher erase the blackboard.
나는 선생님이 칠판을 지우는 것을 도와드렸다.

I helped him organize books.
나는 선생님을 도와 책을 정리했다.

Answers

78~79쪽

패턴 문장 써 보기

2. Have a good weekend.

3. Have a good night.

한 줄 쓰기 연습

1. **Have a good** holiday.

2. Have a good **meal**.

3. Have a **good evening**.

4. **Have** a nice **trip**.

5. **Have a** wonderful **vacation**.

나만의 한 줄 일기

💬 Have a great day. 좋은 하루 보내.

　　Have a good weekend. 좋은 주말 보내.

80~81쪽

패턴 문장 써 보기

2. There is a swimming pool in my school.

3. There is a gym in my school.

한 줄 쓰기 연습

1. **There is** a science room in my school.

2. There is **a garden** in my school.

3. **There is** a **statue** in **my school**.

4. **There are students** in the hallway.

5. **There are lockers in** my **classroom**.

나만의 한 줄 일기

💬 There are hangers in my classroom.
　　우리 교실에는 옷걸이가 있다.

　　There is a fan in my classroom.
　　우리 교실에는 선풍기가 있다.

82~83쪽

패턴 문장 써 보기

2. What a brave boy!

3. What a great job!

한 줄 쓰기 연습

1. **What a** good student!

2. what a **great idea**!

3. **What** a **beautiful voice**!

4. **What amazing weather**!

5. **What a delicious dessert**!

나만의 한 줄 일기

💬 What an honest boy! 정말 정직한 소년이구나!

　　What a strong girl! 정말 튼튼한 소녀구나!

84~85쪽

패턴 문장 써 보기

2. Let's play with a ball.

3. Let's have lunch.

한 줄 쓰기 연습

1. **Let's** sing a song.

2. Let's **meet** again.

3. **Let's go** to school together.

4. **Let's ride** a **bike**.

5. **Let's start again**.

나만의 한 줄 일기

💬 Let's go camping. 캠핑하러 가자.

　　Let's watch a movie. 영화 보자.

Review Day 21~Day 30

86~87쪽

A 1. My friend is kind.

　2. I enjoy reading books.

　3. Don't run in the hallways.

　4. I helped my friend move desks.

　5. Have a good day.

　6. There is a library at my school.

　7. Let's fly a kite.

B 1. I go to school by subway.

　2. I had gym class today.

144

3. There are students in the hallway.
4. What a great idea!
5. Let's ride a bike.

90~91쪽

패턴 문장 써 보기

2. I exercise twice a week.
3. I exercise three times a week.

한 줄 쓰기 연습

1. I play soccer <u>once</u> a <u>week</u>.
2. I <u>brush</u> my <u>teeth</u> three times a day.
3. I <u>take</u> <u>a</u> <u>shower</u> <u>twice</u> a day.
4. <u>I</u> <u>take</u> a selfie <u>once</u> a <u>day</u>.
5. <u>I</u> <u>practice</u> <u>the</u> <u>piano</u> <u>every</u> <u>day</u>.

나만의 한 줄 일기

I study English every day. 나는 매일 영어 공부를 한다.
I study English every week. 나는 매주 영어 공부를 해.

92~93쪽

패턴 문장 써 보기

2. I watched an animation movie.
3. I watched a horror movie.

한 줄 쓰기 연습

1. <u>I</u> <u>watched</u> a mystery movie.
2. I watched the <u>fireworks</u> <u>show</u>.
3. <u>I</u> <u>watched</u> the <u>soccer</u> game.
4. We <u>watched</u> the <u>sunrise</u>.
5. <u>We</u> <u>watched</u> a <u>famous</u> <u>TV</u> <u>program</u>.

나만의 한 줄 일기

I watched the sunset. 나는 일몰을 보았다.
I watched the Olympic games.
나는 올림픽 경기를 보았다.

94~95쪽

패턴 문장 써 보기

2. I went hiking last weekend.
3. I went fishing last weekend.

한 줄 쓰기 연습

1. <u>I</u> <u>went</u> skiing last weekend.
2. He went <u>traveling</u> <u>last</u> <u>month</u>.
3. We <u>went</u> <u>skating</u> <u>yesterday</u>.
4. <u>We</u> <u>went</u> <u>climbing</u> <u>last</u> year.
5. My <u>family</u> <u>went</u> <u>camping</u> <u>last</u> <u>year</u>.

나만의 한 줄 일기

I went bowling last week.
나는 지난 주에 볼링을 치러 갔다.
I went surfing last week.
나는 지난 주에 서핑을 하러 갔다.

96~97쪽

패턴 문장 써 보기

2. I like to feed my fish.
3. I like to take pictures.

한 줄 쓰기 연습

1. <u>I</u> <u>like</u> <u>to</u> walk in the rain.
2. I like to <u>rest</u> <u>at</u> <u>home</u>.
3. <u>I</u> <u>like</u> <u>to</u> <u>wash</u> my dog.
4. <u>I</u> <u>like</u> <u>to</u> <u>keep</u> a diary.
5. We <u>like</u> <u>to</u> <u>play</u> <u>instruments</u>.

나만의 한 줄 일기

I like to read books. 나는 책 읽는 것을 좋아해.
I like to paint pictures. 나는 그림 그리는 것을 좋아해.

98~99쪽

패턴 문장 써 보기

2. I'm interested in cars.

Answers

3. I'm interested in tennis.

한 줄 쓰기 연습

1. **I'm interested in** history.
2. I'm interested in **science experiments**.
3. He **is interested in classical** music.
4. **I'm interested in watching** baseball games.
5. She **is interested in baking**.

나만의 한 줄 일기

I'm interested in musicals. 나는 뮤지컬에 관심이 있다.
I'm interested in foreign languages.
나는 외국어에 관심이 있다.

 Day 36

100~101쪽

패턴 문장 써 보기

2. My hobby is singing songs.
3. My hobby is playing board games.

한 줄 쓰기 연습

1. **My hobby is** playing with pets.
2. My hobby is **collecting stickers**.
3. **My hobby is playing** with blocks.
4. **Her** hobby is **taking** pictures.
5. **His hobby is solving puzzles**.

나만의 한 줄 일기

My hobby is doing yoga. 내 취미는 요가야.
My hobby is dancing. 내 취미는 춤추기야.

 Day 37

102~103쪽

패턴 문장 써 보기

2. I would like to visit Jeju-do.
3. I would like to visit Paris.

한 줄 쓰기 연습

1. **I would like to visit** Daegu.
2. I would like to visit **France**.
3. He **would like to visit** New York.

4. **She would like to visit** Mexico.
5. **We would like to visit Germany**.

나만의 한 줄 일기

I would like to visit Gangwon-do.
나는 강원도를 방문하고 싶다.
I would like to visit London. 나는 런던에 가 보고 싶다.

 Day 38

104~105쪽

패턴 문장 써 보기

2. I play the flute.
3. I play the guitar.

한 줄 쓰기 연습

1. **I play the** cello.
2. I play the **drums**.
3. He **plays the trumpet**.
4. Our team **plays the keyboards**.
5. **We play the clarinets**.

나만의 한 줄 일기

I play the harp. 나는 하프를 연주해요.
I play the xylophone. 나는 실로폰을 연주해요.

 Day 39

106~107쪽

패턴 문장 써 보기

2. I will invite my friends.
3. I will go on a picnic.

한 줄 쓰기 연습

1. **I will** plant flowers.
2. I will **go** to the **zoo**.
3. **I will cook** dinner with my family.
4. We **will study math**.
5. **We will** go **horseback riding**.

나만의 한 줄 일기

I will watch the sunrise. 나는 해돋이를 보러 갈 것이다.
I will buy new clothes. 나는 새 옷을 살 것이다.

146

108~109쪽

패턴 문장 써 보기

2. I want to learn different cultures.

3. I want to try local foods.

한 줄 쓰기 연습

1. **I want to** watch famous shows.

2. I want to **visit a museum**.

3. **I want to ride** a boat.

4. He **wants to visit** the **local** markets.

5. We **want to visit** the **national park**.

나만의 한 줄 일기

예 I want to wear traditional clothes.
나는 전통 의상을 입어보고 싶다.

I want to visit a palace. 나는 궁을 방문해 보고 싶다.

Review Day 31~Day 40

110~111쪽

A 1. I exercise once a week.

2. I watched a comedy movie.

3. I like to play with blocks.

4. I am interested in world maps.

5. I would like to visit Italy.

6. I play the piano.

7. I want to write a postcard.

B 1. I went skiing last weekend.

2. I like to walk in the rain.

3. My hobby is playing with pets.

4. I will plant flowers.

5. I want to ride a boat.

114~115쪽

패턴 문장 써 보기

2. I'm going to study Chinese.

3. I'm going to travel by train.

한 줄 쓰기 연습

1. **I'm going to** stay home.

2. I'm going to **visit my grandma**.

3. **I'm going to learn** ballet.

4. We **are going to visit** an **aquarium**.

5. **I'm going to buy a bicycle**.

나만의 한 줄 일기

예 I'm going to make a robot. 나는 로봇을 만들 계획이다.

I'm going to go on a tour. 나는 관광을 할 계획이다.

116~117쪽

패턴 문장 써 보기

2. I am thankful for my friends.

3. I am thankful for nature.

한 줄 쓰기 연습

1. **I am thankful for** clean air.

2. I am thankful for **many holidays**.

3. **I am thankful for** my **school life**.

4. We are **thankful for** the **good weather**.

5. **We are thankful for** our **teacher**.

나만의 한 줄 일기

예 I am thankful for my daily life. 나는 일상에 감사해.

I am thankful for small blessings.
나는 작은 축복들에 감사해.

118~119쪽

패턴 문장 써 보기

2. We should plant a tree.

3. We should save energy.

한 줄 쓰기 연습

1. **We should** recycle glass bottles.

2. We should **use paper straws**.

3. **We should walk** to school.

4. **We should not use** plastic bags.

5. **We should not waste napkins**.

나만의 한 줄 일기

예 We should use public transportation.
우리는 대중교통을 이용해야 한다.
We should pick up trash. 우리는 쓰레기를 주워야 한다.

120~121쪽

패턴 문장 써 보기

2. Sunshine makes me happy.
3. My little sister makes me happy.

한 줄 쓰기 연습

1. Delicious food **makes me happy**.
2. **Friends** make me happy.
3. Loud **noise makes me angry**.
4. Tests **make me nervous**.
5. **Rain makes me sad**.

나만의 한 줄 일기

예 My pet makes me happy.
우리 집 애완동물이 나를 행복하게 해 준다.
Compliments make me happy.
칭찬은 나를 행복하게 해 준다.

122~123쪽

패턴 문장 써 보기

2. I am looking forward to New Year's Day.
3. I am looking forward to my birthday.

한 줄 쓰기 연습

1. **I am looking forward to** Valentine's Day.
2. I am looking forward to **winter vacation**.
3. **I am looking forward to** the **festival**.
4. We **are looking forward to hearing** from you.
5. **I am looking forward to meeting** you.

나만의 한 줄 일기

예 I am looking forward to my favorite singer's concert.
나는 내가 가장 좋아하는 가수의 콘서트가 정말 기대된다.

I am looking forward to my favorite author's new book.
나는 내가 가장 좋아하는 작가의 새 책이 기다려진다.

124~125쪽

패턴 문장 써 보기

2. I want to be a firefighter.
3. I want to be a pilot.

한 줄 쓰기 연습

1. **I want to be a** cartoonist.
2. I want to be a **soccer player**.
3. **I want to be** an **engineer**.
4. She **wants to be a designer**.
5. **I want to be an actor**.

나만의 한 줄 일기

예 I want to be a doctor. 나는 의사가 되고 싶다.
I want to be a writer. 나는 작가가 되고 싶다.

126~127쪽

패턴 문장 써 보기

2. I am good at singing.
3. I am good at running.

한 줄 쓰기 연습

1. **I am good at** sports.
2. I am good at **speaking English**.
3. **I am good at math**.
4. Mom **is good at playing** the piano.
5. **I am good at caring for** my brother.

나만의 한 줄 일기

예 I am good at presentations. 나는 발표를 잘한다.
I am good at art. 나는 미술을 잘한다.

128~129쪽

패턴 문장 써 보기

2. I wish I could go to the moon.

3. I wish I could travel around the world.

한 줄 쓰기 연습

1. <u>I wish I could</u> drive a car.

2. <u>I wish I could</u> **live** in a **tent**.

3. <u>I wish I could</u> **meet** dinosaurs.

4. <u>I wish I could</u> **swim** with **dolphins**.

5. <u>I wish I could</u> **watch** **TV** all day.

나만의 한 줄 일기

🔵 I wish I could travel to space.

　나는 우주 여행을 할 수 있다면 좋겠다.

　I wish I could invent a time machine.

　나는 타임 머신을 발명할 수 있다면 좋겠다.

130~131쪽

패턴 문장 써 보기

2. I'm worried about the presentation.

3. I'm worried about the cold weather.

한 줄 쓰기 연습

1. <u>I'm</u> **worried** <u>about</u> my best friends.

2. <u>I'm</u> **worried** <u>about</u> the **English** **test**.

3. <u>I'm</u> **worried** <u>about</u> my ballet **lesson**.

4. We <u>are</u> **worried** <u>about</u> our dog's **health**.

5. <u>I'm</u> **worried** <u>about</u> **air** **pollution**.

나만의 한 줄 일기

🔵 I'm worried about my future.

　나는 나의 미래가 걱정된다.

　I'm worried about my weight.

　나는 나의 몸무게가 걱정된다.

132~133쪽

패턴 문장 써 보기

2. I am planning to meet my cousins.

3. I am planning to fly a kite.

한 줄 쓰기 연습

1. <u>I'm</u> **planning** <u>to</u> make rice cakes.

2. <u>I'm planning to</u> **climb** up the **mountains**.

3. <u>I'm planning to</u> **cut** my hair.

4. We're **planning** <u>to</u> **clean up** the house.

5. <u>We're</u> **planning** <u>to</u> **wear** **traditional** clothes.

나만의 한 줄 일기

🔵 I'm planning to decorate my house.

　나는 우리 집을 장식할 계획이다.

　We're planning to gather together.

　우리는 모두 함께 모일 계획이다.

Review Day 41~Day 50

134~135쪽

A 1. I'm going to read many books.

　2. We should save paper.

　3. I am looking forward to Christmas.

　4. I want to be a photographer.

　5. I am good at drawing.

　6. I wish I could fly.

　7. I'm worried about the math test.

B 1. I am thankful for clean air.

　2. Loud noise makes me angry.

　3. I wish I could drive a car.

　4. I'm worried about the English test.

　5. I am planning to make rice cakes.

기적의 영어일기 : 한 줄 쓰기편

Expressions

앞에서 나왔던 단어들을 한 번 더 확인하면서 내 것으로 만들어요.

Day 01

☐	like	좋아하다
☐	cheese	치즈
☐	pizza	피자
☐	fried chicken	프라이드 치킨
☐	ice cream	아이스크림
☐	orange juice	오렌지 주스
☐	hamburger	햄버거
☐	potato	감자
☐	steak	스테이크
☐	curry	카레
☐	chocolate	초콜릿
☐	French fries	감자튀김
☐	hot dog	핫도그
☐	sandwich	샌드위치

Day 02

☐	homework	숙제
☐	vegetable	채소
☐	math	수학
☐	insect	곤충, 벌레
☐	spicy	매운
☐	food	음식
☐	baseball	야구
☐	horror movie	공포 영화
☐	test	시험
☐	carrot	당근
☐	messy	지저분한
☐	noisy	시끄러운
☐	difficult	어려운
☐	problem	문제

Day 03

- □ want — 원하다
- □ bicycle — 자전거
- □ new — 새로운
- □ computer — 컴퓨터
- □ iguana — 이구아나
- □ skateboard — 스케이트보드
- □ smartphone — 스마트폰
- □ birthday cake — 생일 케이크
- □ pet — 반려동물
- □ game machine — 게임기
- □ necklace — 목걸이
- □ toy — 장난감
- □ backpack — 가방

Day 04

- □ favorite — 가장 좋아하는
- □ season — 계절
- □ summer — 여름
- □ spring — 봄
- □ fall — 가을
- □ winter — 겨울
- □ color — 색, 색깔
- □ day — 요일, 날

- □ Saturday — 토요일
- □ singer — 가수
- □ holiday — 휴일
- □ animal — 동물
- □ sport — 운동
- □ soccer — 축구

Day 05

- □ read — 읽다
- □ bake — 굽다
- □ bread — 빵
- □ clean — 청소하다
- □ house — 집
- □ exercise — 운동하다
- □ laugh — 웃다
- □ talk on the phone — 통화하다
- □ sleep — 자다
- □ paint a picture — (물감으로) 그림을 그리다
- □ eat — 먹다
- □ study — 공부하다

Day 06

- □ feel — 느끼다
- □ great — 훌륭한, 좋은

☐ happy		행복한
☐ angry		화난
☐ sad		슬픈
☐ surprised		놀란
☐ sorry		미안한
☐ lonely		외로운
☐ tired		피곤한
☐ bored		지루해 하는
☐ nervous		불안한
☐ excited		흥분한
☐ joyful		즐거운
☐ scared		무서운
☐ worried		걱정되는

Day 07

☐ aunt	이모, 고모
☐ brother	오빠, 남동생
☐ sister	언니, 여동생
☐ twin	쌍둥이의
☐ uncle	삼촌
☐ cousin	사촌
☐ grandparent	조부모님
☐ best friend	단짝 친구
☐ close	친한
☐ name	이름

Day 08

☐ have	가지다
☐ short	짧은
☐ hair	머리카락
☐ big	큰
☐ eye	눈
☐ brown	갈색
☐ small	작은
☐ nose	코
☐ ear	귀
☐ hand	손
☐ mouth	입
☐ curly	곱슬곱슬한
☐ black	검정
☐ long	긴
☐ wavy	웨이브가 있는
☐ beard	수염

Day 09

☐ wear	입다
☐ jeans	청바지
☐ skirt	치마
☐ shirt	셔츠
☐ pants	바지

☐ socks		양말
☐ shoes		신발
☐ glasses		안경
☐ shorts		반바지
☐ T-shirt		티셔츠
☐ cap		야구 모자
☐ glove		장갑
☐ sunglasses		선글라스
☐ hat		모자
☐ teacher		선생님
☐ scarf		스카프
☐ dress		드레스, 원피스
☐ jacket		자켓
☐ belt		벨트
☐ blouse		블라우스

Day 10

☐ headache		두통
☐ stomachache		복통
☐ fever		열
☐ cold		감기
☐ toothache		치통
☐ backache		요통
☐ earache		귓병
☐ sore throat		목의 통증

☐ runny nose		콧물

Day 11

☐ usually		주로
☐ cereal		시리얼
☐ breakfast		아침 식사
☐ rice		쌀, 밥
☐ soup		국, 수프
☐ fruit		과일
☐ noodle		국수
☐ lunch		점심 식사
☐ salad		샐러드
☐ always		항상
☐ meat		고기
☐ sometimes		가끔
☐ toast		토스트
☐ never		전혀 ... 않다
☐ fish		생선
☐ spaghetti		스파게티

Day 12

☐ get up		일어나다
☐ o'clock		정각
☐ wash		씻다

☐ face		얼굴
☐ school		학교
☐ take a shower		샤워를 하다
☐ room		방

☐ have to		해야 한다
☐ seat belt		안전 벨트
☐ turn off		끄다
☐ cellphone		휴대폰
☐ practice		연습하다
☐ violin		바이올린
☐ brush one's teeth		양치를 하다
☐ feed		먹이를 주다
☐ wait in line		줄을 서서 기다리다
☐ quiet		조용한
☐ walk		걷다
☐ on time		제시간에

☐ apple		사과
☐ a piece of		... 한 조각
☐ cake		케이크
☐ orange		오렌지

☐ a glass of		... 한 잔
☐ juice		주스
☐ cookie		쿠키
☐ milk		우유
☐ drink		음료수
☐ dessert		디저트
☐ a cup of		... 한 컵

☐ Monday		월요일
☐ Tuesday		화요일
☐ Wednesday		수요일
☐ Friday		금요일
☐ Sunday		일요일
☐ January		1월
☐ February		2월
☐ March		3월
☐ April		4월
☐ May		5월
☐ June		6월
☐ July		7월
☐ August		8월
☐ September		9월
☐ October		10월

☐ November	11월	

☐ November	11월
☐ December	12월

☐ **Day 16**

☐ rainy	비가 내리는
☐ snowy	눈이 내리는
☐ sunny	화창한
☐ windy	바람 부는
☐ foggy	안개 낀
☐ stormy	폭풍우가 치는
☐ cold	추운
☐ warm	따뜻한
☐ wet	비가 오는, 축축한
☐ dry	건조한
☐ clear	맑은
☐ cloudy	흐린

☐ **Day 17**

☐ time	시간
☐ home	집
☐ stop	멈추다
☐ play a game	게임을 하다
☐ start	시작하다
☐ class	수업

☐ shopping	쇼핑
☐ go to bed	자러 가다
☐ learn	배우다
☐ take a bus	버스를 타다
☐ wash the dishes	설거지하다
☐ take a walk	산책하다

☐ **Day 18**

☐ forget	잊다
☐ take	가지고 가다
☐ umbrella	우산
☐ light	빛, 전등
☐ bring	가져오다
☐ key	열쇠
☐ close	닫다
☐ window	창문
☐ snack	간식
☐ put on	바르다
☐ sunscreen	선크림
☐ call	전화하다
☐ buy	사다
☐ present	선물
☐ lock	잠그다
☐ door	문
☐ wear a seat belt	안전벨트를 매다

Day 19

- [ ] desk 책상
- [ ] under ... 아래에
- [ ] next to ... 옆에
- [ ] in front of ... 앞에
- [ ] on ... 위에
- [ ] in ... 안에
- [ ] between ... 사이에
- [ ] toy box 장난감 상자
- [ ] ball 공
- [ ] closet 옷장
- [ ] bookshelf 책장
- [ ] sofa 소파
- [ ] wall 벽

Day 20

- [ ] fold the laundry 빨래를 개다
- [ ] make one's bed 침대를 정돈하다
- [ ] mop 대걸레로 닦다
- [ ] floor 바닥
- [ ] wipe 닦다
- [ ] put away 치우다
- [ ] throw away 버리다
- [ ] trash 쓰레기

- [ ] vacuum 진공 청소기로 청소하다
- [ ] water 물을 주다
- [ ] plant 식물
- [ ] set the table 밥상을 차리다
- [ ] mirror 거울

Day 21

- [ ] kind 친절한
- [ ] brave 용감한
- [ ] smart 영리한
- [ ] funny 재미있는
- [ ] honest 정직한
- [ ] patient 참을성 있는
- [ ] friendly 다정한
- [ ] shy 수줍음이 많은
- [ ] active 활발한
- [ ] creative 창의적인

Day 22

- [ ] enjoy 즐기다
- [ ] color 색칠하다
- [ ] travel 여행하다
- [ ] swim 수영하다
- [ ] count 세다

☐ draw	그리다		
☐ blow	불다		
☐ balloon	풍선		
☐ listen to	듣다		
☐ music	음악		
☐ write	쓰다		
☐ run	뛰다		

☐ today	오늘
☐ art	미술
☐ gym	운동, 체육
☐ talent show	학예회
☐ yesterday	어제
☐ festival	축제
☐ yoga	요가
☐ ballet	발레
☐ field trip	현장 학습

☐ bike	자전거
☐ on foot	걸어서
☐ subway	지하철
☐ train	기차
☐ beach	바닷가
☐ park	공원
☐ airplane	비행기
☐ go to work	출근하다
☐ plane	비행기
☐ taxi	택시
☐ boat	배
☐ ferry	여객선
☐ airport	공항

☐ hallway	복도
☐ scream	소리 지르다
☐ in class	수업 중에
☐ fight	싸우다
☐ comic book	만화책
☐ use	사용하다
☐ chew	씹다
☐ gum	껌
☐ cut in line	새치기하다

Day 26

- [ ] help   돕다
- [ ] move   옮기다
- [ ] find   찾다
- [ ] lift   들다
- [ ] classroom   교실
- [ ] fix   고치다
- [ ] cross the street   길을 건너다
- [ ] ticket   표

Day 27

- [ ] good   좋은
- [ ] weekend   주말
- [ ] night   밤
- [ ] meal   식사
- [ ] evening   저녁
- [ ] nice   좋은
- [ ] trip   여행
- [ ] wonderful   멋진
- [ ] vacation   방학
- [ ] safe   안전한

Day 28

- [ ] library   도서관

- [ ] cafeteria   (교내) 식당
- [ ] swimming pool   수영장
- [ ] gym   체육관
- [ ] garden   정원
- [ ] statue   조각상
- [ ] student   학생
- [ ] fan   선풍기
- [ ] trash can   쓰레기통

Day 29

- [ ] beautiful   아름다운
- [ ] pretty   예쁜
- [ ] idea   생각
- [ ] voice   목소리
- [ ] amazing   놀라운
- [ ] weather   날씨
- [ ] delicious   맛있는
- [ ] strong   강한
- [ ] handwriting   글씨체
- [ ] soft   부드러운

Day 30

- [ ] let's   ...하자
- [ ] fly   날리다

☐ outside		밖에서
☐ meet		만나다
☐ again		다시, 또
☐ together		모두, 함께
☐ ride		타다
☐ camping		캠핑
☐ watch a movie		영화 보다
☐ visit		방문하다
☐ museum		박물관

Day 31

☐ week	주
☐ once	한 번
☐ twice	두 번
☐ take a selfie	셀카를 찍다
☐ every week	매주
☐ every month	매달
☐ every year	매년

Day 32

☐ comedy movie	코미디 영화
☐ action movie	액션 영화
☐ animation movie	만화 영화
☐ mystery movie	미스터리 영화

☐ fireworks	불꽃놀이
☐ soccer game	축구 경기
☐ sunrise	해돋이
☐ famous	유명한
☐ program	프로그램
☐ sunset	일몰
☐ race	경기, 시합

Day 33

☐ jogging	조깅
☐ last	지난
☐ hiking	하이킹
☐ fishing	낚시
☐ ski	스키를 타다
☐ traveling	여행
☐ skate	스케이트를 타다
☐ climbing	등산
☐ bowling	볼링
☐ surfing	서핑
☐ sky diving	스카이 다이빙

Day 34

☐ block	블록
☐ take a picture	사진 찍다

☐ rest		쉬다
☐ at home		집에서
☐ keep a diary		일기 쓰다
☐ play		연주하다
☐ instrument		악기

Day 35

☐ interested in		...에 관심이 있는
☐ world		세계
☐ map		지도
☐ dinosaur		공룡
☐ tennis		테니스
☐ history		역사
☐ classical music		고전 음악
☐ musical		뮤지컬
☐ foreign language		외국어
☐ badminton		배드민턴
☐ knitting		뜨개질

Day 36

☐ hobby		취미
☐ board game		보드게임
☐ collect		수집하다
☐ sticker		스티커

☐ build		쌓다
☐ solve		풀다
☐ puzzle		퍼즐
☐ dance		춤 추다

Day 37

☐ would like to		...하고 싶다
☐ Italy		이탈리아
☐ Paris		파리
☐ France		프랑스
☐ New York		뉴욕
☐ Germany		독일
☐ London		런던
☐ Africa		아프리카
☐ jungle		밀림
☐ ocean		바다

Day 38

☐ flute		플루트
☐ guitar		기타
☐ cello		첼로
☐ drum		드럼
☐ trumpet		트럼펫
☐ keyboard		키보드

☐ clarinet	클라리넷
☐ harp	하프
☐ xylophone	실로폰
☐ tambourine	탬버린
☐ recorder	리코더

Day 39

☐ invite	초대하다
☐ go on a picnic	소풍을 가다
☐ plant	심다
☐ zoo	동물원
☐ cook	요리하다
☐ dinner	저녁 식사
☐ family	가족
☐ horseback riding	승마
☐ amusement park	놀이공원
☐ exhibition	박람회
☐ group photo	단체 사진

Day 40

☐ postcard	엽서
☐ make friends	친구를 사귀다
☐ different	다른
☐ culture	문화

☐ try	먹어보다
☐ local	현지의
☐ market	시장
☐ national park	국립 공원
☐ traditional	전통의
☐ palace	궁
☐ souvenir	기념품

Day 41

☐ many	많은
☐ Chinese	중국어
☐ grandma	할머니
☐ aquarium	수족관
☐ create	창조하다
☐ snowman	눈사람

Day 42

☐ thankful for	...에 감사한
☐ health	건강
☐ nature	자연
☐ air	공기
☐ country	나라
☐ comfortable	편안한
☐ advice	조언

| □ hospital | 병원 |

Day 43

□ should	...해야 한다
□ save	아끼다
□ paper	종이
□ energy	에너지
□ recycle	재활용하다
□ glass bottle	유리병
□ straw	빨대
□ plastic bag	비닐봉지
□ waste	낭비하다
□ napkin	냅킨
□ public transportation	대중 교통

Day 44

□ make	...하게 하다
□ sunshine	햇살
□ little	작은
□ compliment	칭찬
□ fun	재미있는
□ song	노래
□ break	쉬는 시간
□ goal	목표

| □ foreign | 외국의 |

Day 45

□ look forward to	...를 학수고대하다
□ Christmas	크리스마스
□ birthday	생일
□ New Year's Day	새해 첫날
□ hear	듣다
□ concert	콘서트
□ volunteer	자원봉사하다
□ spend	(시간을) 보내다

Day 46

□ want to be	...가 되고 싶다
□ photographer	사진 작가
□ firefighter	소방관
□ pilot	파일럿
□ cartoonist	만화가
□ engineer	엔지니어
□ designer	디자이너
□ actor	배우
□ writer	작가
□ lawyer	변호사

Day 47

- [ ] good at   ...를 잘하는
- [ ] care   돌보다
- [ ] presentation   발표
- [ ] martial art   무술
- [ ] golf   골프
- [ ] tidy up   정리하다

Day 48

- [ ] fly   날다
- [ ] fast   빨리
- [ ] like   ...처럼
- [ ] cheetah   치타
- [ ] moon   달
- [ ] travel around the world   세계 일주 여행을 하다
- [ ] drive   운전하다
- [ ] tent   텐트
- [ ] dolphin   돌고래
- [ ] space   우주
- [ ] invent   발명하다

Day 49

- [ ] grade   성적
- [ ] lesson   수업
- [ ] air pollution   공기 오염
- [ ] future   미래
- [ ] weight   몸무게
- [ ] safety   안전
- [ ] storm   폭풍
- [ ] flu   독감
- [ ] news   소식, 뉴스

Day 50

- [ ] kite   연
- [ ] rice cake   떡
- [ ] cut hair   머리카락을 자르다
- [ ] clean up   청소하다
- [ ] decorate   장식하다
- [ ] gather   모이다
- [ ] celebrate   기념하다
- [ ] mask   탈, 가면

MEMO

기적 영어 학습서

기본이 탄탄! 실전에서 척척!
유초등 필수 영어능력을 길러주는 코어 학습서

유아 영어

재미있는 액티비티가 가득한
3~7세를 위한 영어 워크북

| 4세 이상 | 5세 이상 | 6세 이상 | 6세 이상 |

파닉스 완성 프로그램

알파벳 음가 ➡ 사이트워드
➡ 읽기 연습까지!
리딩을 위한 탄탄한 기초 만들기

| 6세 이상 전 3권 | 1~3학년 | 1~3학년 전 3권 |

영어 단어

영어 실력의 가장 큰 바탕은 어휘력!
교과과정 필수 어휘 익히기

| 1~3학년 전 2권 | 3학년 이상 전 2권 |

영어 리딩

패턴 문장 리딩으로 시작해
정확한 해석을 위한 끊어읽기까지!
탄탄한 독해 실력 쌓기

| 2~3학년 전 3권 | 3~4학년 전 3권 | 4~5학년 전 2권 | 5~6학년 전 2권 |

영어 라이팅

저학년은 패턴 영작으로,
고학년은 5형식 문장 만들기 연습으로
튼튼한 영작 실력 완성

| 2학년 이상 전 5권 | 4학년 이상 전 5권 | 5학년 이상 전 2권 | 6학년 이상 |

영어일기

한 줄 쓰기부터 생활일기,
주제일기까지!
영어 글쓰기 실력을 키우는 시리즈

| 3학년 이상 | 4~5학년 | 5~6학년 |

영문법

중학 영어 대비, 영어 구사
정확성을 키워주는 영문법 학습

| 4~5학년 전 2권 | 5~6학년 전 3권 | 6학년 이상 |

초등 필수 영어 무작정 따라하기

초등 시기에 놓쳐서는 안 될 필수 학습은 바로 영어 교과서!
영어 교과서 5종의 핵심 내용을 쏙쏙 뽑아 한 권으로 압축 정리했습니다.
초등 과정의 필수학습으로 기초를 다져서 중학교 및 상위 학습의 단단한 토대가 되게 합니다.

| 1~2학년 | 2~3학년 | 2~3학년 | 3학년 이상 | 4학년 이상 |

미국교과서 리딩

문제의 차이가 영어 실력의 차이! 논픽션 리딩에 강해지는 《미국교과서 READING》
논픽션 리딩에 가장 좋은 재료인 미국 교과과정의 주제를 담은 지문을 읽고, 독해력과
문제 해결력을 두루 향상시킬 수 있도록 구성한 단계별 리딩 프로그램

| LEVEL 1 | LEVEL 2 | LEVEL 3 | LEVEL 4 | LEVEL 5 |
| 준비 단계 | 시작 단계 | 정독 연습 단계 | 독해 정확성 향상 단계 | 독해 통합심화 단계 |